Um mês com Maria

Coleção: Um mês com...

- Nos passos de Maria – Para meditar e rosário a cada dia, *Pe. Antonio Sagrado Bogaz*

Dom Murilo S. R. Krieger, scj

Um mês com Maria

Reflexões para o dia-a-dia

Dados Internacionais de Catalogação na Publicação (CIP)
(Câmara Brasileira do Livro, SP, Brasil)

Krieger, Murilo S. R.
Um mês com Maria : reflexões para o dia-a-dia / Murilo S. R. Krieger. – São Paulo : Paulinas, 2003. – (Coleção Um mês com...)

ISBN 978-85-356-1008-6

1. Maria, Virgem, Santa – Culto 2. Maria, Virgem Santa – Meditações I. Título. II. Série.

03-1077   CDD-232.91

Índice para catálogo sistemático:
1. Maria, Mãe de Deus : Devoção : Cristianismo   232.91

Citações bíblicas: Bíblia Sagrada – tradução da CNBB, 2ª ed. 2002

Direção geral:	*Flávia Reginatto*
Editora responsável:	*Vera Ivanise Bombonatto*
Assistente de edição:	*Valentina Vettorazzo*
Copidesque:	*Luciana Miranda Penna*
Coordenação de revisão:	*Andréia Schweitzer*
Revisão:	*Mariana N. R. Echalar e Ana Cecilia Mari*
Direção de arte:	*Irma Cipriani*
Gerente de produção:	*Felício Calegaro Neto*
Editoração eletrônica:	*Everson de Paula*

Capa: Gentile da Fabriano (Itália, 1370-1427)
"Nossa Senhora com o Menino Jesus"

4ª edição – 2013
1ª reimpressão – 2021

Nenhuma parte desta obra poderá ser reproduzida ou transmitida por qualquer forma e/ou quaisquer meios (eletrônico ou mecânico, incluindo fotocópia e gravação) ou arquivada em qualquer sistema ou banco de dados sem permissão escrita da Editora. Direitos reservados.

Paulinas

Rua Dona Inácia Uchoa, 62
04110-020 – São Paulo – SP (Brasil)
Tel.: (11) 2125-3500
http://www.paulinas.com.br – editora@paulinas.com.br
Telemarketing e SAC: 0800-7010081

© Pia Sociedade Filhas de São Paulo – São Paulo, 2003

Para
Anilce e Hodges, Giselda,
Kelce e Molina, Lêda,
Luciene e Bernabé,
Maria Luísa e Paulinho,
Magda e Ralir, Magali,
Nair e Cláudio,
Wilma e Carlos.

Um mês com Maria

Ao longo de sua história, a Igreja tem colecionado orações, poemas e canções que têm origem na cultura do povo e apresentam as riquezas e os valores do Evangelho sob roupagens diversas. Trata-se da chamada piedade popular, que alimenta e conserva a fé do povo de Deus. Por isso, a Igreja faz questão de incentivá-la, corrigindo-a quando necessário.

Quando se trata da Mãe de Jesus,[1] as expressões populares se multiplicam. Deve-se isso ao carinho especial que todos têm pela figura materna. Crianças, jovens e adultos aprendem que Jesus Cristo é o Filho de Deus, o Salvador da humanidade. Ao olhar para ele, percebem que, a seu lado, de Belém ao Calvário, está Maria — presença discreta, silenciosa e eficaz. Como ignorar aquela que é sua Mãe? Sabem que ela tem uma missão especial, mas missão que não foi ela mesma que procurou e nem lhe foi dada por alguma criatura. Sua missão na história da salvação é fruto de uma decisão divina: "O anjo Gabriel foi enviado *por Deus*

---

[1] Apesar da riqueza de títulos marianos, nas referências ao nome de Nossa Senhora privilegiarei os nomes bíblicos "Maria", usado cinco vezes pelo evangelista Mateus, uma vez por Marcos e doze vezes por Lucas, e "Mãe de Jesus", usado por João.

a uma cidade da Galiléia, chamada Nazaré, a uma virgem prometida em casamento a um homem de nome José, da casa de Davi. A virgem se chamava Maria".[2] Gabriel foi apenas um mensageiro, um enviado. Falou tão-somente o que Deus lhe mandou que falasse. A escolha de Maria, pois, para uma missão especial junto a Cristo e à Igreja foi uma decisão do Pai: "Importa reconhecer que, antes de quaisquer outros, o próprio Deus, o Pai eterno, confiou-se à Virgem de Nazaré, dando-lhe o próprio Filho no mistério da encarnação".[3]

Um mês com Maria quer ajudá-lo a viver o mês de maio — ou um outro mês do ano à sua escolha. Sendo irmão, sendo irmã de Jesus, sendo seu herdeiro, você tem direito de fazer a experiência que, diariamente, ele fez em Nazaré — e por trinta longos anos! *Um mês com Maria* quer ajudá-lo a entender que as palavras de Jesus, ditas no alto da cruz: "Eis a tua mãe!",[4] são dirigidas a você. E, na expressão "teu filho" ("Mulher, eis o teu filho!"),[5] você está presente.

Um mês com Maria quer ajudá-lo a conhecer um pouco mais a intimidade de Maria, estrada que conduz a Cristo. Quer aproximá-lo da Mãe que, melhor do que qualquer outra criatura, conhece Jesus, seu Filho. Você está sendo convidado a contemplar, dia a dia, com Maria, o rosto do Filho de Deus. "Cada encontro com ela deve se transformar num encontro com o próprio Cristo."[6]

Um mês com Maria quer auxiliá-lo a concretizar aquele caminho de espiritualidade que o Papa João Paulo II apresentou em

---

[2] Lc 1,26-27.

[3] João Paulo II, Carta Encíclica *Redemptoris Mater,* 39.

[4] Jo 19,27.

[5] Jo 19,26.

[6] Paulo VI, Carta Encíclica *Mense Maio,* 2º §.

forma de oração: "Dá-nos teus olhos, ó Maria, para decifrar o mistério que se esconde nos frágeis membros do teu Filho. Ensina-nos a reconhecer sua face nas crianças de toda raça e cultura. Ajuda-nos a ser testemunhas credíveis da sua mensagem de paz e amor, para que também os homens e as mulheres de nossa época, marcada ainda por fortes contrastes e incríveis violências, saibam reconhecer o Menino que está nos teus braços, o único Salvador do mundo, fonte inesgotável da paz verdadeira que, no íntimo, deseja todo coração".[7]

---

[7] João Paulo II, Mensagem *Urbi et Orbi*, 25.12.02, 5.

Quando se completou o tempo previsto, Deus enviou seu Filho, nascido de mulher, nascido sujeito à Lei, para resgatar os que eram sujeitos à Lei, e todos recebermos a dignidade de filhos (Gl 4,4).

"Quando se completou o tempo previsto..." Temos outras traduções possíveis desta passagem que traz a mais antiga referência a Nossa Senhora, mesmo sem nominá-la: "Quando, porém, chegou a plenitude do tempo..."; "Quando se cumpriu o prazo..."; "Quando chegou o tempo certo..." A tentativa é a mesma: falar do mais extraordinário momento da história, aquele em que se concretizaram as antigas promessas divinas; aquele em que o Pai nos enviou seu Filho ao mundo. O Salvador entra no tempo e na história. E não o fez de forma triunfal, gloriosa, mas despojando-se, "assumindo a forma de escravo e tornando-se igual ao ser humano".[1] O Filho de Deus se faz carne, nascendo de uma mulher. E a mulher que, no cruzamento do tempo e da eternidade, possibilita essa encarnação é Maria.

Há os que talvez se perguntem: seria possível encarar como glória o fato de alguém ter possibilitado à "Palavra que era Deus",[2] aparecer como homem, humilhando-se?[3] Sim, Deus se

---

[1] Fl 2,7.

[2] Jo 1,1.

[3] Cf. Fl 2,7-8.

humilha, assume nossa forma e nossas limitações — todas —, menos a maior: a limitação do pecado![4] Mas faz isso por nós, por você! Aceitou ir aonde estávamos, mergulhados na miséria do pecado, para nos resgatar, para nos possibilitar viver como seus filhos. Do ponto de vista humano, não é glorioso ser mãe de um escravo. Mas, na lógica de Deus, grande é aquele que serve. Com seu *sim*, Maria colaborou com o Filho de Deus que, obediente ao Pai, veio morar entre nós.[5] Agora, não somos mais escravos, mas filhos e herdeiros de Deus.[6]

O apóstolo Paulo, nessa breve e famosa passagem da Carta aos Gálatas, afirmou não só a preexistência de Cristo ("Deus enviou..."), sua divindade ("... seu Filho") e a verdade de seu nascimento terreno ("nascido de uma mulher!"), como também colocou as premissas básicas para uma afirmação posterior por parte da Igreja: a divina maternidade dessa "mulher". Mas não há dúvida alguma: Maria nada seria se Deus não tivesse voltado seu olhar para "a humildade de sua serva".[7]

Em Maria, o Filho de Deus entrou em comunhão conosco, com nossa verdade, com nossas necessidades. Poderia ter vindo ao mundo de forma diferente? Seguramente, pois "a Deus nada é impossível".[8] Por que o Pai quis que Jesus, seu Filho, "Deus verdadeiro de Deus verdadeiro"[9] nascesse de uma mulher? "A vontade de Deus não tem porquês."[10] Cabe-nos apenas conhecê-la, acolhê-la e adorá-la. Não foi o que fez a Mãe de Jesus?

---

[4] Cf. Hb 4,15.

[5] Cf. Jo 1,14.

[6] Cf. Gl 4,7.

[7] Lc 1,48.

[8] Lc 1,37.

[9] Símbolo niceno-constantinopolitano.

[10] Frase que se lê na entrada de um mosteiro da Áustria.

Oração

Mãe de Jesus e minha Mãe! Quando se completou o tempo previsto, deste ao Pai um sim generoso e acolhedor e, por isso, tu te tornaste Mãe de Jesus, verdadeiro Deus e verdadeiro homem. Manifesta agora tua clemência e proteção por todos os que imploram tua compaixão. Obtém a paz, a prosperidade e a justiça para todos os povos. Protege, abençoa e santifica nossas famílias. Que em nossos lares a vida nascente seja amada e respeitada com o mesmo amor com que acolheste em teu seio a vida do Filho de Deus. Ouve a oração que com filial confiança te dirijo e apresenta-a a teu Filho Jesus, único Redentor nosso. Amém.[11]

Compromisso para o dia de hoje

Repetir muitas vezes ao longo do dia: *Glória ao Pai, ao Filho e ao Espírito Santo!*, para louvar e agradecer à Santíssima Trindade o envio de Jesus ao mundo.

---

[11] As orações de cada dia foram inspiradas nas que o papa João Paulo II costuma fazer em suas viagens pelo mundo.

O anjo Gabriel foi enviado por Deus a uma cidade da Galiléia, chamada Nazaré, a uma virgem prometida em casamento a um homem de nome José, da casa de Davi. A virgem se chamava Maria (Lc 1,26-27).

Quem é Maria, a quem o anjo Gabriel foi enviado? E, já que os olhos de Deus pousaram sobre ela, convidando-a a uma missão única na história da salvação, é importante saber o que ela tem a nos ensinar, a nós, homens e mulheres do terceiro milênio.

Há uma literatura devocional que apresenta a Mãe de Jesus ou como uma mulher alienada, que pouco teria a nos ensinar, ou tão gloriosa, que ficaria distante demais de nosso dia-a-dia. Tais imagens nada têm em comum com o rosto que os evangelistas pintaram de Maria. Para conhecer, pois, a jovem de Nazaré, é preciso abrir o Evangelho.

A página da anunciação nos mostra que Maria deu a seu Senhor um *sim* responsável. Abandonando-se à vontade de Deus, demonstrou ser uma mulher forte, tendo uma visão de Deus semelhante à que tinham os profetas: seu Deus é aquele que dispersa os orgulhosos, derruba os poderosos de seus tronos e exalta os humildes.

Foi uma mulher que conheceu de perto a pobreza, o exílio e o sofrimento. Escolhida para a mais importante missão a que uma criatura poderia ter sido chamada, longe de fechar-se num intimismo egoísta, foi ao encontro de Isabel, porque sabia que sua parenta necessitava de auxílio; interessou-se, em Caná, pelas necessidades da festa de um casamento; e, quando a comunidade dos apóstolos e discípulos, em oração, preparava-se para a realização da promessa do Pai — o batismo do Espírito Santo —,[1] lá estava Maria, perseverando na oração em comum.

A Mãe de Jesus nos ensina a ser verdadeiros discípulos de Cristo, isto é, construtores da cidade terrena e temporal, e, ao mesmo tempo, peregrinos em direção à Jerusalém eterna; ensina-nos a ser promotores da justiça, que liberta o oprimido, e da caridade, que socorre o necessitado; a ser operários do amor, edificando Cristo nos corações.

A Igreja apresenta Maria como exemplo de vida "não exatamente pelo tipo de vida que levou ou, menos ainda, por causa do ambiente sociocultural em que se desenrolou sua existência (...), mas porque, nas condições concretas da sua vida, aderiu total e responsavelmente à vontade de Deus; porque soube acolher sua palavra e pô-la em prática; porque sua ação foi animada pela caridade e pelo espírito de serviço; e porque, em suma, foi a primeira e mais perfeita discípula de Cristo".[2]

Procurando imitá-la, acabaremos adquirindo o jeito de Maria, isto é, teremos como ideal fazer a vontade de Deus, sempre.

---

[1] At 1,4.

[2] Paulo VI, Exortação Apostólica *Marialis Cultus*, 35.

Oração

Mãe de Jesus e minha Mãe! Estende tua ajuda para nossas famílias, para cada família. Apressa-te em levar para elas a mensagem de salvação de teu Filho. Que cada lar seja um ambiente de amor. Nenhuma força humana seja capaz de destruir o bem e a beleza que só a família pode fazer nascer nos corações das novas gerações. Que a bondade triunfe sobre a fraqueza humana e o nome de Deus seja invocado em todos os lares. Intercede por aquelas famílias em que não há lugar para teu Filho e, por isso, falta o amor, inexiste o diálogo e não se conhece o perdão. Intercede também, e particularmente, pelas que sofrem com a fome, o desemprego e a doença. Amém.

Compromisso para o dia de hoje

Reflita: em sua vida, quem foi "o anjo Gabriel", isto é, a pessoa enviada por Deus para apresentar a você sua proposta? Qual foi sua resposta?

O anjo entrou onde [Maria] estava e disse: "Alegra-te, cheia de graça! O Senhor está contigo" (Lc 1,28).

"Alegra-te!": a saudação que o mensageiro de Deus dirigiu a Maria é um apelo à alegria messiânica, alegria que nasce da certeza da presença de Deus em nosso meio. Quem deve se alegrar é aquela que os evangelistas Mateus, Marcos e Lucas chamarão de "Maria", e que João chamará de "Mãe de Jesus". Deus, por seu mensageiro, chamou-a "cheia de graça", isto é, "tu que foste e permaneces repleta do favor divino".

Como Maria era "repleta" dos favores divinos, não tinha pecado, nem o original; não tinha as conseqüências desse pecado. Ela não sabia disso. Sabia apenas que vivia na amizade com Deus, a quem chamaria de Senhor, Salvador, Poderoso, Santo...[1] Se já era privilegiada antes que Jesus se encarnasse nela — e não podemos esquecer que seus privilégios lhe foram dados em vista de sua futura maternidade —, como chamá-la depois que, nela, a Palavra de Deus se fez carne? Vamos chamá-la de "bendita", como fez Isabel?

---

[1] Cf. Lc 1,46-56.

Dando Jesus ao mundo, Maria possibilitou-nos ser filhos de Deus. Como o apóstolo Paulo, podemos agora gritar ao mundo: "Deus é rico em misericórdia: pelo imenso amor com que nos amou, quando ainda estávamos mortos por causa dos nossos pecados, deu-nos a vida com Cristo!".[2]

Da parte de Deus, tudo já está feito. Falta a nossa parte, que poderá começar com o grito de júbilo do profeta Sofonias (século VI a.C.), quando anuncia que o Salvador está próximo: "Grita de alegria, filha de Sião! Canta, Israel! Filha de Jerusalém fica contente e, de todo o coração, dá gritos de alegria! (...) Não tenhas medo, Sião! Não te acovardes! O Senhor teu Deus está a teu lado como valente libertador! Por tua causa ele está contente e alegre, apaixonado de amor por ti, por tua causa está saltando de alegria, como em dias de festa".[3]

"O Senhor está contigo!" Mesmo tendo essa certeza, melhor: justamente por causa dela, Maria não se fechou em si mesma. E nem poderia: seu Filho lhe estava ensinando quanto é importante ir ao encontro dos necessitados. Por isso, ela o deu a Isabel, aos pastores e aos magos, a Simeão e a Ana... Paulo explicará as razões desse comportamento: "Foi Deus que nos fez, criando-nos no Cristo Jesus, em vista das boas obras que preparou de antemão, para que nós as praticássemos".[4] E a obra por excelência que o Pai espera que pratiquemos não é, justamente, fazer de seu Filho um dom para o mundo?...

---

[2] Ef 2,4-5.

[3] Sf 3,14.16-18.

[4] Ef 2,10.

Oração

Mãe de Jesus e minha Mãe, alegra-te! Ninguém poderá saudar-te de modo mais belo do que te saudou, um dia, o anjo Gabriel, no momento da Anunciação: "Ave, Maria, cheia de graça, o Senhor é contigo!". Essas são as palavras com as quais Deus mesmo te saudou, mulher prometida no Éden e desde a eternidade escolhida como mãe do Filho de Deus, mãe da Palavra que se fez carne, mãe do mensageiro da Boa-Nova. És cheia de graça, garante-nos o Senhor. Em ti não há a sombra do pecado, porque estás repleta dos favores divinos. Ajuda-nos a participar da alegria messiânica e ensina-nos a viver sempre na graça de Deus. Amém.

Compromisso para o dia de hoje

"O Senhor está contigo!" João Paulo II nos lembra que a Igreja vive dessa presença. Olhe o dia de hoje com essa certeza e se pergunte: que repercussões e conseqüências essa verdade pode ter em seu dia?

Maria ficou muito confusa com estas palavras [do anjo] e começou a pensar qual seria o significado da saudação (Lc 1,29).

Acostumamo-nos a contemplar as glórias de Maria, seus títulos e invocações. Por isso, talvez não nos seja fácil tomar consciência de que, em vida, foi a humilde e fiel serva do Senhor. Viveu na fé, no silêncio e na simplicidade. Viveu com muitas perguntas. Deus poderia tê-la feito diferente? "A Deus nada é impossível."[1] Nada é limite para seu poder infinito; nada é limite para sua capacidade criadora.

"A bem-aventurada Virgem avançou em peregrinação de fé",[2] disse mais tarde o Concílio Ecumênico Vaticano II.[3] "A fé é um contato com o mistério de Deus (...) Não é difícil perceber naquele início um particular aperto no coração, unido a uma espécie de 'noite escura da fé' — para usar as palavras de são João da Cruz —, como um véu através do qual é forçoso aproximar-se do invisível e viver na intimidade com o mistério. Foi desse modo, efetivamente, que Maria, durante muitos anos, permaneceu na in-

---

[1] Lc 1,37.
[2] Concílio Ecumênico Vaticano II, Constituição Dogmática *Lumen Gentium*, 58.
[3] 1962-1965.

timidade com o mistério do seu Filho, e avançou no seu itinerário da fé."[4]

Esta será uma característica da vida de Maria: uma peregrinação na fé. E justamente esse andar na noite escura, cheia de perguntas, a tornará verdadeira discípula de seu Filho e perfeitamente unida a ele em seu despojamento. Mediante a fé, Maria participará de perto da vida de seu Filho que, mesmo tendo Deus como Pai, aceitou crescer "em sabedoria, tamanho e graça diante de Deus e dos homens".[5] Ao longo dos séculos, Maria servirá de modelo para a Igreja, que procurará seguir seu modo de imitar Jesus.[6]

A perplexidade de Maria diante do mistério — ficou confusa com as palavras do mensageiro de Deus e "começou a pensar qual seria o significado da saudação" — faz pensar nas inúmeras situações de nossa vida em que, também nós, vemos multiplicarem-se as perguntas diante de palavras que não entendemos, de fatos que não compreendemos e de decepções que não parecem fazer sentido. Poderá nos servir, nessa hora, a certeza de que "tudo contribui para o bem daqueles que amam a Deus"[7] — tudo —, até a experiência de nossas limitações diante do mistério. Mas e nossa inteligência que sente necessidade de ver as coisas claras e distintas? E a dificuldade de abandonar-nos nas mãos de Deus, mesmo sabendo "como são insondáveis os seus juízos e impenetráveis os seus caminhos"?[8]

Deus, ao pedir a Maria uma peregrinação na fé, deu-lhe as graças necessárias para se manter fiel. Agiria hoje de modo diferente conosco?...

---

[4]   João Paulo II, Carta Encíclica *Redemptoris Mater*, 17.

[5]   Lc 2,52.

[6]   João Paulo II, Carta Encíclica *Redemptoris Mater*, 2.

[7]   Rm 8,28.

[8]   Rm 11,33.

Oração

Mãe de Jesus e minha Mãe! O anjo Gabriel foi enviado pelo Pai para te anunciar o que jamais imaginaste: ele enviaria seu Filho ao mundo. As palavras com que o mensageiro divino te saudou — "Alegra-te, cheia de graça! O Senhor está contigo" — deixaram-te confusa. Tudo o que conhecias de Deus: que é bondoso, misericordioso e santo, não era suficiente para entenderes o elevado plano que ele tinha para ti. É possível que, a partir do momento da anunciação, tenhas acrescentado um novo nome a teu Senhor: "o Deus das surpresas!". Ajuda-me, Mãe, ajuda-nos, Mãe, a reconhecer, nas surpresas do dia de hoje, a bondade infinita do Pai. Amém.

Compromisso para o dia de hoje

Pergunte-se: qual a situação de sua vida que o deixou mais confuso? Sua reação teve como causa o amor de Deus, isto é, o desejo de servi-lo melhor, ou a causa foi seu amor-próprio ferido, algum complexo de inferioridade etc.?

O anjo, então, disse: "Não tenhas medo, Maria! Encontraste graça junto a Deus. Conceberás e darás à luz um filho, e lhe porás o nome de Jesus" (Lc 1,30-31).

O ser humano é um eterno insatisfeito. Nunca se contenta com a fama ou com o dinheiro que consegue; nem com o prazer ou com a cultura que adquire. Seríamos seres destinados a viver numa eterna insatisfação? Valeria, então, a pena viver, lutar e sofrer?

Homens e mulheres sentem, no mais profundo de seu coração, fome de amor. Deus nos criou para ele; fora dele não nos realizaremos. Essa fome de felicidade e de paz que sentimos foi colocada por ele mesmo em nosso coração. Quer que o procuremos. E, para que essa procura tenha êxito, vem ao nosso encontro. Pascal, pensador francês, colocou na boca de Cristo uma interessante observação: "Tu não me procurarias se já não me tivesses encontrado". Sozinhos, nunca o encontraríamos.

O Senhor vem ao nosso encontro gratuitamente, não porque sejamos bons ou tenhamos algum crédito com ele. Vem ao nosso encontro porque nos ama. "Deus é amor",[1] disse-nos são João. A ajuda que Deus nos estende é uma graça, um dom gratuito.

---

[1] 1Jo 4,16.

Foi gratuitamente que Deus, por meio do anjo Gabriel, foi ao encontro de Maria. Rapidamente ela aprendeu que sua maternidade ("conceberás...") consistiria em gerar um Filho ("darás à luz um filho..."), em dar esse Filho e, inclusive, em perdê-lo. Olhando o que Deus nela realizou, em vista do filho a quem deveria dar o nome de Jesus, somos convidados não só a admirá-la, o que não seria pouco. Somos também chamados a estabelecer com ela um relacionamento pessoal. Na Igreja, depois de Cristo, Maria ocupa o lugar mais alto e o mais perto de nós.[2] Como tomar consciência dessa presença? Como traduzi-la em atos?

Poderemos imitar a atitude que Jesus assumiu em relação a ela, isto é, comportar-nos como filhos. Cada filho descobre mil maneiras de relacionar-se com sua mãe. Nesse campo, não se pode impor regras.

Poderemos procurar ser como ela: *servos* à disposição dos planos de Deus; confiar-lhe nossos projetos e ações, para assumi-los na fé, sem medo ("Não tenhas medo!"); e procurá-la na Bíblia, honrá-la na liturgia, buscá-la nos santuários, homenageá-la com práticas piedosas. Em pouco tempo descobriremos que o segredo de Maria é muito simples: consiste em procurar a vontade do Pai, em acolher seu Filho Jesus e em deixar-se conduzir pelo Espírito Santo. É a lição que ela passa a seus alunos — os alunos que encontram graça junto a Deus e se matriculam na escola da Mãe de seu Filho.

---

[2] Cf. Concílio Ecumênico Vaticano II, Constituição Dogmática *Lumen Gentium*, 54.

Oração

Mãe de Jesus e minha Mãe! Encontraste graça diante de Deus, por isso, a redenção do mundo começou em ti. Tu és a primeira entre todos os remidos, mulher revestida de sol, mulher escolhida por Deus, cheia de graça. Porque deste Jesus ao mundo, serva humilde e poderosa, renovou-se a esperança em nossos corações. Intercede agora pela humanidade junto a teu Filho, a quem geraste e deste o nome de Jesus. Protege teus filhos e filhas das divisões e incompreensões, e roga a Jesus para dar-nos a paz. Que todos renunciem às ambições egoístas e procurem o que for útil a todos. Faze-nos partilhar o amor de Deus. Amém.

Compromisso para o dia de hoje

Já que o oposto do medo é a confiança, exercite-a com alguma jaculatória (por exemplo: *Coração de Jesus, eu confio em vós;* ou: *Jesus, eu confio em ti*), repetida ao longo do dia.

[O anjo, então, disse:] "Ele será grande; será chamado Filho do Altíssimo, e o Senhor Deus lhe dará o trono de Davi, seu pai. Ele reinará para sempre sobre a descendência de Jacó, e o seu reino não terá fim" (Lc 1,32-33).

Para convencer os judeus de que o Evangelho que apresentava era a realização das antigas promessas feitas a seus pais, Mateus fez contínuas referências a passagens do Antigo Testamento. Essa maneira de convencimento já havia sido usada pelo mensageiro de Deus, na anunciação. Como estava se dirigindo a uma jovem judia, era preciso demonstrar-lhe que o menino que conceberia, e a quem daria o nome de Jesus (= o Senhor salva), era o Messias prometido e esperado. Mas era preciso convencê-la, também, de que esse Messias era o próprio Filho de Deus: descendente de Davi,[1] herdeiro legítimo do trono,[2] intitulado Filho do Altíssimo, pois é Deus,[3] e que terá um reinado perpétuo.[4] Nele, portanto, convergiriam várias profecias.

A pergunta que, em resposta, Maria fez ao anjo Gabriel demonstra que entendeu bem de que se tratava. Mas não imaginava que o

---

[1] Cf. 2Sm 7; Is 11,1.

[2] Cf. Jr 23,5.

[3] Cf. 2Sm 7,14; Sl 2,7; 89,27-28.

[4] Cf. Is 9,6; Sl 72,5; 89,37; Mq 4,7.

Filho de Deus que ela conceberia seria obra do Espírito Santo. O mensageiro lhe explicaria em seguida.

São Luís Maria Grignion de Montfort,[5] em seu clássico *Tratado da Verdadeira Devoção à Santíssima Virgem* (TVDSV), analisa com profundidade e sabedoria o significado e as conseqüências da anunciação. Parte de uma certeza: Maria é uma criatura. "Comparada à Majestade infinita ela é menos que um átomo, é, antes, um nada." Deus "não tem e não teve jamais necessidade da Santíssima Virgem para a realização de suas vontades e a manifestação de sua glória".[6] Contudo, a realidade é esta: "Deus Pai só deu ao mundo seu Unigênito por Maria".[7] Ele "juntou todas as águas e denominou-as mar; reuniu todas as suas graças e as chamou Maria".[8]

A partir dessas premissas, Grignion de Montfort tira uma série de conclusões, dentre as quais, destaco: "Pois que a graça aperfeiçoa a natureza e a glória aperfeiçoa a graça, é certo que Nosso Senhor continua a ser, no céu, tão Filho de Maria, como o foi na terra";[9] Maria "é o meio seguro e o caminho reto e imaculado para se ir a Jesus Cristo e encontrá-lo plenamente... É preciso, portanto, que Maria seja, mais do que nunca, conhecida, para maior conhecimento e maior glória da Santíssima Trindade";[10] "Quanto mais uma alma se consagrar a Maria, mais consagrada estará a Jesus Cristo", pois "a devoção que eu ensino ['consagração de nós mesmos a Jesus Cristo pelas mãos de Maria'][11] consiste na perfeita renovação dos votos e promessas do santo batismo".[12]

Quem fez seu o caminho de Grignion de Montfort sabe o quanto são proféticas suas palavras.

---

[5] Nasceu em 1673, na França, e morreu em 1716. Foi canonizado em 1947.

[6] TVDSV, 14.

[7] Idem, ibidem, 16.

[8] Idem, ibidem, 22.

[9] Idem, ibidem, 27.

[10] Idem, ibidem, 50, 5º.

[11] Idem, ibidem, 135.

[12] Idem, ibidem, 120.

Oração

Mãe de Jesus e minha Mãe! Pela graça do batismo, teu Filho me chamou e me consagrou a si. Sou, agora, seu discípulo. Sabes quanto é difícil seguir seu estreito caminho; quanto é difícil amar meus irmãos como ele me ama e perdoá-los como ele me perdoa. Concede-me, por isso, a graça de obter a verdadeira sabedoria de Deus, tão necessária para ter seu olhar sobre os outros e sobre os apelos que o mundo me faz. Em vista disso, coloca-me no número dos que amas, ensinas, guias, sustentas e proteges como filho. Que, por tua intercessão e exemplo, eu consiga ser um perfeito discípulo de Jesus Cristo, teu Filho. Amém.

Compromisso para o dia de hoje

Faça ou renove sua consagração a Nossa Senhora, na linha de Grignion de Montfort — consagração de si mesmo a Jesus Cristo pelas mãos de Maria —, para viver intensamente seu batismo.

Maria, então, perguntou ao anjo: "Como acontecerá isso, já que eu não convivo com um homem?"(Lc 1,34).

O diálogo de Maria com o anjo na anunciação deixa claro que ela não conhecia os planos de Deus sobre ela mesma. Embora especialmente agraciada por Deus e tendo como meta ser sua serva, caminhou na escuridão da fé. Assim, de maneira muito natural, diante de imprevistos ficou surpresa e fez perguntas. Sabia que o Messias nasceria de uma mulher[1] e que uma virgem o conceberia.[2] Não sabia que aquela mulher seria justamente ela.

Tendo ouvido as palavras do anjo ("Darás à luz um filho"), Maria não duvidou nem pediu um sinal. Sua pergunta foi sobre "como" conceberia esse filho. Queria saber de que maneira deveria comportar-se para que pudesse cumprir a vontade de Deus. Os padres da Igreja viam nessa pergunta os sinais claros de um voto de virgindade. Assim, a pergunta teria um valor continuativo, como quem hoje diz: "Não fumo", significando que a pessoa tem a intenção de continuar não fumando. No caso de Maria, seria como se dissesse:

---

[1] Cf. Proto-Evangelho: Gn 1,15.

[2] Cf. Is 7,14.

"Não conheço e não tenho intenção de conhecer homem. Para fazer a vontade de Deus, devo mudar de comportamento?".

Aqui, colocam-se duas questões: poderia Maria não aceitar a proposta de Deus? Em caso de a resposta ser positiva, como nasceria Jesus?

Maria era livre. Deus a preparou, fê-la "cheia de graça", mas não tirou sua liberdade. Ser livre significa fazer escolhas, mesmo contra a vontade de Deus. Que Deus realizaria seus planos de outra maneira, disso não há dúvidas. A Bíblia é rica de ensinamentos nesse sentido. Quando alguém, chamado a colaborar com o Senhor, nega a colaboração pedida, ele se volta para outro. Assim, havia escolhido Saul como rei de Israel, como ele se tornou indigno de sua confiança, Deus o deixou de lado e escolheu Davi.[3] Eli e seus filhos haviam sido escolhidos para sacerdotes, mas dada a indignidade de seus filhos, Deus os deixou de lado e escolheu Samuel.[4] O próprio povo hebreu tinha sido escolhido como primeiro destinatário do Evangelho. Uma vez que não soube reconhecer Cristo, a pregação da Boa-Nova se voltou para os pagãos. Jesus havia escolhido Judas Iscariotes como apóstolo, mas como ele traiu o Mestre, outro — Matias — foi escolhido em seu lugar.

Cada um de nós é chamado à salvação, recebe uma vocação e é enviado em benefício de outros. Se não correspondermos devidamente, comprometeremos nossa própria salvação e poderemos ser substituídos por outros. Deus, que nos chama a ser seus colaboradores, poderá levar sua obra adiante mesmo sem nós. Entende-se, pois, que os maiores elogios que Maria recebeu se referiram, justamente, à sua fé e à sua fidelidade.

---

[3] Cf. 1Sm 13,13-14.

[4] Cf. 1Sm 2,12-36.

Oração

Mãe de Jesus e minha Mãe! Quantas vezes já te invoquei. És a Mãe da humanidade resgatada pelo sangue de Cristo. Mãe do perfeito amor, da esperança e da paz, santa Mãe do Redentor. Continua a mostrar-te Mãe para todos, porque o mundo tem necessidade de ti. Caminha comigo, caminha com a Igreja, caminha com a humanidade. O mundo tem necessidade de ti para resolver os numerosos e violentos conflitos que ainda o ameaçam. Mostra-te Mãe da unidade. Cessem por todo lado a violência e a injustiça, cresça na família a concórdia e, entre os povos, o diálogo. Reine sobre a terra a paz, a paz que teu Filho veio nos trazer. Amém.

Compromisso para o dia de hoje

Dedicar cinco a dez minutos para refletir: Qual e como tem sido minha resposta ao chamado de Deus?

O anjo respondeu [a Maria]: "O Espírito Santo descerá sobre ti, e o poder do Altíssimo te cobrirá com a sua sombra. Por isso, aquele que vai nascer será chamado santo, Filho de Deus" (Lc 1,35).

Para Maria, foi inesquecível a experiência da anunciação: ao mesmo tempo que tomou consciência de que Deus é Pai, e é Pai porque tem um Filho que nela deveria se encarnar, soube da existência do Espírito Santo, que nela operaria a encarnação, tornando fecunda sua virgindade. Até então, ninguém jamais soubera que Deus é Pai, é Filho e é Espírito Santo; que Deus é Trindade.

Procurando conhecer melhor a obra do Espírito Santo na história da salvação, e a relação que há entre ele e Maria, já alguns padres da Igreja[1] atribuíram ao Espírito Santo a santidade de Maria. Por eles foi chamada de "Santuário do Espírito Santo", já que se tornou sua habitação permanente. Foi dele, como de uma fonte, que brotou em Maria a plenitude da graça e a abundância dos dons com que foi enriquecida. "Ao Espírito Santo atribuíam a fé, a esperança e a caridade que animavam o coração da Virgem Santíssima, bem como a força que manteve sua adesão à vontade de Deus... até os pés da cruz."[2]

---

[1] Padres da Igreja: escritores eclesiásticos da antiguidade cristã que ajudaram a elaborar a doutrina da Igreja dos primeiros séculos e no-la transmitiram.

[2] Paulo VI, Exortação Apostólica *Marialis Cultus*, 26.

Maria Santíssima esteve presente, ativamente, nas duas mais importantes ações do Espírito Santo na história: encarnação e Pentecostes.

Encarnação: "Quando se completou o tempo previsto",[3] isto é, quando as promessas feitas a Abraão, bem como a Aliança estabelecida com o povo eleito por meio de Moisés, chegaram ao seu cumprimento máximo; no momento em que a Palavra que estava junto de Deus iria se fazer carne para habitar entre nós,[4] lá estava Maria, dando seu *sim*. A fé de Abraão havia dado início à Antiga Aliança; a fé de Maria, na anunciação, deu início à nova Aliança. Abraão se tornou pai de muitos povos; Maria se tornou a mãe do Filho de Deus e, posteriormente, do povo que o tem como Cabeça.[5]

Pentecostes: Maria era uma das cento e vinte pessoas que estavam reunidas no cenáculo, em Jerusalém. Sua presença mereceu destaque especial: além do nome dos apóstolos, somente o seu foi citado pelos Atos dos Apóstolos: "Todos eles perseveravam na oração em comum, junto com algumas mulheres — entre elas Maria, mãe de Jesus...".[6] Por que rezavam? Estavam à espera do cumprimento das promessas de Cristo.[7] Quando a Igreja nascia, lá estava a Mãe de Jesus, recebendo a efusão do Espírito Santo. Por isso seria um dia proclamada "Mãe da Igreja".[8]

Sabemos o que o Espírito Santo pôde realizar no coração de Maria. E o que poderá realizar no nosso, se formos disponíveis como ela?...

---

[3] Gl 4,4.

[4] Cf. Jo 1,1-14.

[5] Cf. Rm 14.

[6] At 1,14.

[7] Lc 24,49.

[8] A expressão é secular. O título oficial lhe foi dado por Paulo VI, em 21.11.64.

Oração

"Salve, Senhora do mundo, Rainha dos céus! Salve, Virgem das Virgens, Estrela da Manhã! Salve, cheia de graça, brilho da luz divina! Apressa-te, Senhora, em socorro do mundo. Desde toda a eternidade o Senhor te predestinou como Mãe do Verbo Unigênito, pelo qual criou a terra, o mar e os céus, e embelezou-te como sua esplêndida Esposa, não alcançada pelo pecado de Adão."[9] Desde toda a eternidade o Altíssimo te preparou para a mais importante missão já dada a uma criatura — ser Mãe de seu Filho. Intercede por nós, teus irmãos e irmãs na ordem da criação, para que também em nós se faça a vontade do Pai. Amém.

Compromisso para o dia de hoje

O batismo e a crisma foram dois grandes momentos da ação do Espírito Santo em sua vida. Procure tomar consciência, em sua história, de outros momentos em que a ação divina foi perceptível.

---

[9] Pequeno Ofício da Imaculada Conceição da Virgem Maria, Matinas.

*[O anjo respondeu a Maria:]
"Também Isabel, tua parenta, concebeu um filho na sua velhice. Este já é o sexto mês daquela que era chamada estéril, pois para Deus nada é impossível"* (Lc 1,36-37).

A encarnação do Filho de Deus em Maria está, segundo as palavras do anjo Gabriel, em íntima conexão com duas outras concepções milagrosas: a de Isabel ("... tua parenta concebeu um filho na sua velhice") e a de Sara ("Existe alguma coisa impossível para o Senhor?"[1] — pergunta dirigida a Abraão, quando do anúncio de que Sara, em sua velhice, teria um filho). O nascimento de Isaac (= sorriso de Deus) e de João (= Deus favorece) mostra que Deus é fiel às suas promessas.

"Para Deus nada é impossível." Foi essa afirmação que fez cessar as dúvidas e as perguntas no coração de Maria. De um momento para outro, via-se colocada ao lado não só de uma pessoa íntima dela, como Isabel, em quem Deus estava operando maravilhas, mas até de Abraão, seu pai na fé. Agora, só havia uma resposta possível ao Senhor: "Eis aqui a serva... Faça-se em mim..."

A partir daqui, seu olhar se voltou para aquele que seria gerado em seu seio e a quem deveria dar o nome de Jesus. "Para Deus

---

[1] Gn 18,14.

nada é impossível": essa certeza iria passar a acompanhá-la, alimentando sua fé em situações humanamente sem perspectivas. É toda uma espiritualidade que começa a ser elaborada em seu coração.

De um lado está seu Senhor que tudo pode — absolutamente tudo! E disso a história de Abraão lhe era uma prova sem contestação. Todas as promessas que lhe foram feitas foram cumpridas: "Farei de ti uma grande nação e te abençoarei... Abençoarei os que te abençoarem... Em ti serão abençoadas todas as famílias da terra..."

De outro, está o Filho, que começa a gerar. "O rosto do Filho pertence-lhe sob um título especial. Foi no seu ventre que se plasmou, recebendo dela também uma semelhança humana que evoca uma intimidade espiritual certamente ainda maior. À contemplação do rosto de Cristo, ninguém se dedicou com a mesma assiduidade de Maria. Os olhos do seu coração concentram-se de algum modo sobre ele já na anunciação, quando o concebe por obra do Espírito Santo; nos meses seguintes, começa a sentir sua presença e a pressagiar os contornos. Quando finalmente o dá à luz em Belém, também os seus olhos de carne podem fixar-se com ternura no rosto do Filho, que envolveu em panos e recostou numa manjedoura."[2]

"Para Deus nada é impossível!" Abraão precisou se recordar disso quando estava para sacrificar seu único filho. Maria iria ter presente essa verdade no Calvário. Só que Abraão não viu seu filho morrer. Maria, sim. Mesmo assim, continuou a crer no cumprimento das promessas de Deus.

---

[2] João Paulo II, Carta Apostólica *Rosarium Virginis Mariae*, 10.

Oração

Mãe de Jesus e minha Mãe! Tenho grandes desejos em meu coração. Quero viver para Cristo. Ajuda-me a vencer o desânimo. Ajuda-me a ser mais forte do que tudo aquilo que parece levar-me ao fracasso. Ajuda-me a acreditar que "para Deus, nada é impossível". Confio a ti tudo aquilo que está me ameaçando. Cura-me dos pecados e das fraquezas, liberta-me da derrota e do erro, protege-me do que ameaça a saúde e a vida. Confio-te aqueles que enfrentam o desemprego, a fome e o medo perante o futuro. Confio-te a vocação de cada homem e mulher. Faz com que a vida de cada um de nós dê frutos de santidade. Amém.

Compromisso para o dia de hoje

Pense nas situações de sua vida em que não via mais perspectiva e sobre as quais, um dia, surgiu uma luz. Depois de cada recordação, repita: *Para Deus, nada é impossível!*

Maria disse [ao anjo]: "Eis aqui a serva do Senhor! Faça-se em mim segundo a tua palavra". E o anjo retirou-se (Lc 1,38).

Dentre as experiências de fé que uma visita à Terra Santa proporciona ao peregrino, poucas são comparadas com a que se pode fazer ao visitar a Basílica da Anunciação, em Nazaré. No altar do que restou da casa de Maria, lê-se a inscrição, em latim: *Verbum caro hic factum est* ("Aqui a Palavra se fez carne"). Ao se referir a esse mistério, São Bernardo de Claraval[1] exclamou: "Volto-me para o abismo de temível profundidade: um abismo absolutamente insondável, o mistério da encarnação do Senhor; um abismo impenetrável... De fato, quem consegue investigá-lo, tocá-lo a fundo, compreendê-lo?"[2]

A resposta de Maria: "Faça-se em mim", foi a colaboração humana para a realização do eterno plano de Deus. Como não ver uma ligação de seu *sim* com o de seu Filho? Segundo o autor

---

[1] São Bernardo de Claraval, abade e doutor da Igreja. Nasceu em 1090 e morreu em 20.08.1153.

[2] São Bernardo de Claraval. *Sermões para as Festas de Nossa Senhora*. Petrópolis, Vozes, 1999. p. 112.

da Carta aos Hebreus, "ao entrar no mundo, Cristo declara: 'Não quiseste vítima nem oferenda, mas formaste um corpo para mim. Não foram do teu agrado holocaustos nem sacrifícios pelo pecado'. Então eu disse: 'Eis que eu vim, ó Deus, para fazer a tua vontade'".[3]

"Maria pronunciou este *faça-se* na fé. Foi mediante a fé que ela se entregou a Deus sem reservas e se consagrou totalmente, como escrava do Senhor, à pessoa e à obra do seu Filho. Ela concebeu este Filho na mente, antes de concebê-lo no seio: precisamente mediante a fé!"[4]

O Evangelho da anunciação termina com uma observação que não pode passar despercebida: "E o anjo retirou-se". Essa afirmação parece indicar não só o fim de um diálogo, mas o início de um longo silêncio de Deus, isto é, a partir daí, nunca mais ela deve ter tido nenhuma revelação divina. O anjo se afastou e ela passou a viver na obscuridade da fé.

Maria nos ensina a importância da busca de Deus e de sua vontade. Seu "faça-se em mim" nasceu da convicção de que ele é o Senhor. Ela viveu de acordo com o que acreditou. Sua vida era uma expressão de sua fé. Perseverou no caminho iniciado em Nazaré mesmo quando descobriu os sofrimentos que precisaria enfrentar para ser coerente.

Não é fácil perseverar no caminho do bem por alguns dias. Mais difícil é perseverar hora por hora, dia a dia, ano após ano. A perseverança de Maria a levou, um dia, à cruz, onde precisou renovar o seu "faça-se em mim". Se com o primeiro havia gerado Jesus, agora passava a gerar seus irmãos, conquistados com o sangue que seu Filho derramava.

Se formos perseverantes como Maria, por que caminhos de fé o Senhor nos conduzirá?...

---

[3] Hb 10,5-7.

[4] João Paulo II, Carta Encíclica *Redemptoris Mater*, 13.

Oração

Mãe de Jesus e minha Mãe! No momento da anunciação, com tua resposta: "Eis aqui a serva do Senhor, faça-se em mim segundo a tua palavra", resumiste teu programa de vida. Hoje, desperta em nossos jovens a disponibilidade para o serviço de Deus. Implora para nossas dioceses muitas vocações para o sacerdócio e para a vida consagrada. Fortalece a fé de nossos irmãos leigos e de nossas irmãs leigas, para que atuem de acordo com a justiça e a verdade que teu Filho veio trazer à terra. Ensina-nos a servir sem descanso a causa de teu Filho, a causa do Evangelho, a causa do amor, da justiça e da paz. Amém.

Compromisso para o dia de hoje

Que situação concreta de sua vida — um apelo do Senhor a maior generosidade, um passo de qualidade, a necessidade de um corte numa situação de risco ou de pecado — está necessitando de um *Eis-me aqui... Faça-se em mim...*?

Naqueles dias, Maria partiu apressadamente para a região montanhosa, dirigindo-se a uma cidade de Judá. Ela entrou na casa de Zacarias e saudou Isabel (Lc 1,39-40).

"Maria partiu apressadamente..." Algumas décadas mais tarde, escrevendo aos cristãos da comunidade de Corinto, o apóstolo Paulo lhes testemunhou: "O amor de Cristo nos impele",[1] isto é, nos pressiona, nos solicita, nos empurra, nos estimula... Quem faz a experiência do amor de Deus sente necessidade irresistível de possibilitá-la a outros. Para Paulo, o resto — prisões, perseguições, fome, nudez, calúnias[2] etc. — era secundário, nem merecia ser levado em conta. Para a Mãe de Jesus, o desconforto de uma longa viagem e o tempo que ficaria fora de casa, justamente agora, num momento especial de sua vida, não mereciam ser levados em consideração. Alguém precisava dela: era o que bastava para tomar a decisão de partir, e partir "apressadamente"...

O grande pecado de nossa época é o esquecimento de Deus. À medida que não o reconhecem como Senhor, homens e mulheres multiplicam a construção de novos bezerros de ouro e os

---

[1] 2Cor 5,14.

[2] Cf. 2Cor 11,24-29.

adoram. Maria nos ensina a adorar somente ele e a servi-lo, servindo seus filhos e filhas. Paulo disse que "tudo contribui para o bem daqueles que amam a Deus, daqueles que são chamados segundo o seu desígnio".[3]

Não sabemos repartir nossos dons. Muitos morrem de fome, não por falta de alimentos, mas pela incapacidade de repartir o que temos. O egoísmo fecha corações e isola países. Maria nos ensina a repartir. Acolheu o grande dom do Pai à humanidade e o deu ao mundo. Ensina-nos, assim, que este belo e majestoso mundo que Deus nos deu, suas riquezas, a terra e o pão, as qualidades com que nos enriqueceu, o que somos e temos, tudo, enfim, não é para desfrutarmos egoisticamente, mas para repartir com outros.

O mundo é uma grande via-sacra. Quanto sofrimento em cada coração, em cada lar, em cada país. Quantas cruzes não desejadas precisamos abraçar cada dia. Maria nos ensina a buscar a vontade de Deus, a não esperar soluções mágicas, a fazer a nossa parte para que se multipliquem ao nosso redor gestos marcados pela justiça e pela verdade, pela solidariedade e pela paz.

A fé bíblica é essencialmente *escuta* e *acolhida* da Palavra de Deus. Deus nos mostrou sua face em Jesus, que ao voltar para o céu nos ensinou que a propagação do cristianismo se daria pela pregação de sua palavra e pelo testemunho,[4] não por milagres. Maria nos ensina a caminhar apressadamente para a propagação dessa Palavra, mesmo que seja necessário caminhar na escuridão da fé.

---

[3] Rm 8,28

[4] Cf. Jo 13,35.

Oração

Mãe de Jesus e minha Mãe! Mãe "apressada" em fazer o bem! Com tua preocupação de ir à casa de Isabel, demonstras que foste a primeira a ser formada pelo teu Filho. Tu, primeira e perfeita testemunha do mistério da Redenção, volta teu olhar para mim, para teus filhos e filhas, também necessitados de tua visita. Permanece ao nosso lado ao longo deste dia. Olha para nós, necessitados de lições de justiça e de paz. Ajuda-nos a reencontrar o caminho da unidade com aqueles irmãos e irmãs que também acreditam em teu Filho. E, para os que ainda não o encontraram, anuncia o esplendor de sua graça. Amém.

Compromisso para o dia de hoje

Olhando seu lar, seu ambiente de estudo ou de trabalho, pergunte-se: que "Isabel" está necessitando "apressadamente" de mim?

Quando Isabel ouviu a saudação de Maria, a criança pulou de alegria em seu ventre, e Isabel ficou repleta do Espírito Santo (Lc 1,41).

O que é a Igreja? É uma instituição que mais parece ser fruto de um sonhador: foi confiada a pescadores e seu fundador morreu na cruz como um criminoso, abandonado até pelos amigos. O que esperar, no futuro, de uma obra assim?

Estando próxima sua paixão, Jesus reuniu os discípulos e lhes deu uma certeza: "Eu pedirei ao Pai, e ele vos dará um outro Defensor, que ficará para sempre convosco".[1] O Defensor é o Espírito Santo. É por sua ação que os cristãos se tornam testemunhas de Cristo.[2] Testemunhas através da vida, com gestos de acolhida e compreensão, de solidariedade e comunhão. Testemunhas mediante a palavra: é na força do Espírito Santo que anunciam Jesus Cristo, morto e ressuscitado, presente no mundo com seu dinamismo libertador. Testemunhas no meio das dificuldades, convictos de que o Espírito Santo os acompanha: "Acaso

---

[1] Jo 14,16.
[2] Cf. At 1,8.

não sabeis que sois templo de Deus e que o Espírito de Deus habita em vós?"[3] Testemunhas pela prática do amor: os que vivem no amor são pessoas que se deixam conduzir pelo Espírito Santo.

O Espírito Santo foi dado à Igreja para animá-la continuamente. Ele sopra onde quer;[4] faz nascer em cada pessoa carismas próprios para o serviço da Igreja[5] e oferece seus dons aos que crêem no Senhor. Sua ação não é como a humana, pois ele age "de dentro". Prefere os "fracos", porque neles melhor transparece sua obra.

A ação do Espírito Santo não se limita a fazer as pessoas distinguirem entre o bem e o mal. Ele age também no campo do que é permitido, levando-nos a procurar em cada situação o que for melhor. Uma fidelidade contínua ao Espírito Santo nos transformará de tal modo que, como Paulo, poderemos dizer: "Eu vivo, mas não eu: é Cristo que vive em mim".[6]

Por tudo isso, entende-se a reação de João Batista, ainda no ventre de Isabel, que "pulou de alegria", e de Isabel, que ficou repleta do Espírito Santo, diante da aproximação de Maria. "O Salvador dos homens, encerrado no seio da sua Mãe, efunde o Espírito Santo."[7]

Maria, tendo dado um *sim* total a Deus, transmitiu a outros, com sua simples presença, os frutos do Espírito Santo, ou melhor, permitiu que o Espírito Santo a usasse como instrumento, para transmitir seus frutos: "amor, alegria, paz, paciência, amabilidade, bondade, lealdade, mansidão, domínio próprio..."[8]

No plano de Deus, para quantas pessoas estamos sendo chamados a levar esses mesmos frutos?...

---

[3] 1Cor 3,16.

[4] Cf. Jo 3,8.

[5] Cf. 1Cor 12,4ss.

[6] Gl 2,20.

[7] João Paulo II, 02.10.96.

[8] Gl 5,22-23.

Oração

Mãe de Jesus e minha Mãe! Quisera te saudar com as palavras com que saudaste Isabel. Os evangelistas, contudo, não as guardaram; guardaram, sim, o resultado operado. Levando Jesus contigo, levaste o Espírito Santo, que ungiu Isabel. Por isso, saúdo-te, dizendo: és a primeira missionária que acolheu o Messias. A primeira missionária que o trouxe ao mundo. És a Mãe dos missionários. Alcança para mim, alcança para a Igreja de teu Filho uma grande paixão missionária, que nos torne testemunhas vivas dele. Sejamos no mundo sal, luz e fermento, para a glória de Deus Pai, Filho e Espírito Santo. Amém.

Compromisso para o dia de hoje

Colocar em prática, hoje, aqueles propósitos tantas vezes adiados: visita a um doente; telefonema ao amigo distante; resposta à carta que pedia uma orientação; procurar aquela pessoa não tão agradável, com a disposição de escutá-la...

Isabel, com voz forte, exclamou: "Bendita és tu entre as mulheres e bendito é o fruto do teu ventre! Como mereço que a mãe do meu Senhor venha me visitar?" (Lc 1,42-43).

Foi "repleta do Espírito Santo"[1] que Isabel elogiou Maria. Sua saudação é hoje repetida milhões de vezes, nas mais diversas línguas, em cada *Ave, Maria* que se eleva aos céus. Temos, pois, o privilégio de bendizer Maria com palavras inspiradas pelo Espírito Santo. Com Isabel começou o que poderíamos chamar de "culto a Nossa Senhora".

Maria é elogiada pela parenta, mas no centro do elogio está o Criador. Essa, por sinal, é a síntese do culto dirigido a Maria. "A veneração que a Igreja vem prestando à Mãe do Senhor, em todos os lugares e em todos os tempos — desde a saudação com que Isabel a bendiz até às expressões de louvor e de súplica da nossa época —, constitui um excelente testemunho de sua norma de oração e um convite a reavivar nas consciências sua norma de fé. Um tal culto à Virgem Santíssima tem raízes profundas na Palavra revelada e, ao mesmo tempo, sólidos fundamentos dogmáticos. O culto à Virgem Maria tem sua razão de ser na

---

[1] Lc 1,41.

insondável e livre vontade de Deus, que realiza todas as coisas segundo seu plano de amor.

Cristo é o único caminho para o Pai. Cristo é o modelo supremo, ao qual o discípulo deve conformar a própria conduta, até chegar a ter em si seus sentimentos: foi isso o que a Igreja ensinou em todos os tempos e nada, na atividade pastoral, pode colocar na sombra essa doutrina.

A Igreja, no entanto, instruída pelo Espírito Santo e fundamentada em sua experiência secular, reconhece que também a piedade para com a Virgem Maria, subordinada à piedade para com o divino Salvador e em conexão com ela, tem uma grande eficácia pastoral e constitui uma força renovadora dos costumes cristãos. (...) A missão materna de Maria, pois, impele o povo de Deus a dirigir-se com filial confiança a ela, que está sempre pronta a escutá-lo com afeto de mãe e com seu eficaz socorro."[2]

Depois do título que lhe deu Isabel — "bendita" —, ao longo dos séculos Maria recebeu inúmeros outros de seus filhos. Como não nos lembrar de alguns? Nossa Senhora do Perpétuo Socorro, Consoladora dos aflitos, Saúde dos enfermos, Refúgio dos pecadores, Rainha da família... A Igreja percebe que, normalmente, depois da contemplação das virtudes de Maria, os fiéis desejam imitá-la, e, nesse campo, ela tem muito a ensinar a seus filhos e filhas. "A piedade para com a Mãe do Senhor torna-se, pois, para o cristão, ocasião de crescimento na graça divina, que é, em síntese, a finalidade última de toda e qualquer atividade pastoral."[3]

---

[2] Paulo VI, Exortação Apostólica *Marialis Cultus*, 56-57.

[3] Idem, ibidem, 57.

Oração

Mãe de Jesus e minha Mãe! À imitação de Isabel, também eu quero proclamar as maravilhas que Deus realizou em tua vida: "Bendita és tu entre as mulheres e bendito é o fruto do teu ventre!" Deus te salve, serva, Mãe e Rainha! O Pai eterno te elevou acima de todos os homens e mulheres ao te chamar a um particularíssimo serviço: ser Mãe de seu Filho! Tu és a imagem perfeita da união entre o amor de Deus e o serviço aos irmãos, entre a evangelização e a promoção humana. És modelo dos discípulos de Cristo. Acompanha a caminhada de fé de todos os teus filhos e filhas e alcança-nos a graça da salvação eterna. Amém.

Compromisso para o dia de hoje

Tomar consciência das formas e circunstâncias que o Senhor usou para visitá-lo nos últimos dois dias.

[Isabel disse a Maria:) "Logo que a tua saudação ressoou nos meus ouvidos, o menino pulou de alegria no meu ventre" (Lc 1,44).

A agitação do pequeno João no ventre de Isabel é o resultado de uma presença: a de Jesus, que Maria já estava esperando. Sempre se viu neste encontro das mães e na reação sentida por Isabel a santificação de João Batista, ou seja, a comunicação, ao precursor, da graça de Cristo. Em favor dessa tradição temos as palavras que o anjo dirigiu a Zacarias, quando anunciou seu nascimento: "Desde o ventre da mãe, ficará cheio do Espírito Santo".[1] Esse encontro serviu também para destacar a missão de Maria: levar Jesus e, com ele, a graça; provocar a ação do Espírito Santo; fazer com que se realizem os planos de Deus.

Os comportamentos revelam a intimidade de seus autores. É o caso da pressa de Maria, quando partiu em direção à casa de Isabel. Mais tarde, por causa de Jesus, fez outras viagens. Hoje percorre casas, ruas, cidades e países. Faz isso através de imagens que a representam. "Uma coisa é uma imagem e outra coisa é a pessoa de Maria... / Imagens são sinais a me lembrar onde

---

[1] Lc 1,15.

Deus agiu! / Por onde alguém seguiu! / Imagens são apenas o que são: sinais..."[2]

Seria interessante um estudo sobre o resultado da visita sistemática das Capelinhas de Nossa Senhora aos lares, Brasil afora. Para muitos, é a ocasião para uma oração em família, um encontro com vizinhos ou uma pausa para a leitura da Palavra de Deus em comunidade. Todos consideram uma graça receber, na própria casa, a visita da Mãe de Jesus. Pelos efeitos da visita, pelas conversões que ocorrem, pelas curas que acontecem descobre-se que, onde há corações que, como Isabel, acolhem Maria, abre-se o campo à ação do Espírito Santo.

Há, também, outras partidas apressadas: a dos peregrinos que, anualmente, se dirigem aos santuários marianos. São milhões! Vão individualmente ou em grupos. "Procuram o encontro com a Mãe do Senhor, com aquela que é feliz porque acreditou, que é a primeira entre os que acreditaram e, por isso, se tornou a Mãe do Emanuel." Esses santuários são lugares de atração, sim, mas também de irradiação. Também eles teriam muitas e belas histórias para contar. Nos santuários o povo busca encontrar-se com a Mãe de Jesus e, assim, consolidar a própria fé.[3] O encontro com a Mãe é o passo para o encontro mais importante: com seu Filho, no sacramento da penitência e da eucaristia.

Se você nunca participou de uma peregrinação a um santuário mariano, suspenda qualquer julgamento. Se já participou, sabe muito bem qual a frase que mais se ouve no final de uma delas: "No ano que vem, eu voltarei!"

---

[2] OLIVEIRA, Pe. José Fernandes de, sjc (Pe. Zezinho, compositor). In: ———. *Quando a gente encontra Deus*. Faixa: Imagens. Paulinas-COMEP.

[3] Cf. João Paulo II, Carta Encíclica *Redemptoris Mater*, 28.

Oração

Mãe de Jesus e minha Mãe! Um dia visitaste tua prima Isabel. Vem hoje à nossa casa. Nós te cumprimentamos e saudamos com alegria. Permanece conosco e abençoa nosso lar, nossos vizinhos, todos os que te recebem e, especialmente, aqueles que ainda não te conhecem. Que esta tua visita nos transforme. Ajuda-nos a conhecer, amar e imitar teu Filho Jesus. Intercede por nós para sermos fiéis à vocação que Deus nos deu. Os que forem chamados ao sacerdócio e à vida religiosa, sejam disponíveis e generosos. Em nosso lar e em nosso coração saibamos acolher os pobres e os necessitados. Amém.

Compromisso para o dia de hoje

Fazer uma peregrinação, ainda neste mês, ao santuário mariano mais próximo de sua casa.

[Isabel disse a Maria:] "Feliz aquela que acreditou, pois o que lhe foi dito da parte do Senhor será cumprido!" (Lc 1,45).

Ao escrever sobre a Mãe de Jesus, o Papa João Paulo II dedicou atenção especial ao encontro de Maria com Isabel: "Logo depois de ter narrado a anunciação, o evangelista são Lucas torna-se nosso guia, seguindo os passos da Virgem em direção a 'uma cidade de Judá'. Segundo os estudiosos, essa cidade devia ser a 'Ain-Karim' de hoje, situada entre as montanhas, não distante de Jerusalém. Maria dirigiu-se para lá 'apressadamente', a fim de visitar Isabel, sua parente. O motivo dessa visita deve ser procurado também no fato de Gabriel, durante a anunciação, ter nomeado de maneira significativa Isabel, que em idade avançada tinha concebido do marido Zacarias um filho, pelo poder de Deus (...). Maria dirige-se à casa de sua parente, impelida pela caridade".[1]

Depois de reproduzir e explicar o diálogo que se travou entre as duas primas, o Papa ressalta: "Todas as palavras, nessa saudação de Isabel, são densas de significado; no entanto, parece ser algo de importância fundamental o que ela diz no final: 'Feliz aquela que acreditou, pois o que lhe foi dito da parte do Senhor

---

[1] João Paulo II, Carta Encíclica *Redemptoris Mater*, 12.

será cumprido'. Essas palavras podem ser postas ao lado do apelativo 'cheia de graça' da saudação do Anjo. Em ambos os textos, revela-se um conteúdo mariológico essencial, isto é, a verdade acerca de Maria (...). A *plenitude da graça*, anunciada pelo Anjo, significa o dom de Deus mesmo; *a fé de Maria*, proclamada por Isabel quando da Visitação, mostra como a Virgem de Nazaré tinha correspondido a este dom".

A Mãe de Jesus precedeu o povo de Deus na peregrinação da fé e da caridade. Isabel elogiou a fé de Maria com razão, pois tendo ouvido coisas surpreendentes na anunciação, da parte de Deus, acreditou nelas. Ao mesmo tempo que havia descoberto sua vocação, Maria, introduzida no mistério da Santíssima Trindade, conheceu também o que o Salmista tanta buscara: o rosto de Deus.[2]

Essa é, também, a história de cada um de nós. Na medida em que descobrirmos nossa vocação e nossa missão na Igreja, novas dimensões terá nosso relacionamento com Deus. Abrir-se-ão diante de nós novas perspectivas. Ao nos chamar, Deus se revela a nós. Mostra-nos, por exemplo, seu amor eterno, a escolha que fez de nós "antes da fundação do mundo",[3] anterior, pois, à nossa decisão de amá-lo e servi-lo.[4]

Dessas coisas Maria entende bem, e, porque as viveu na fé, o que lhe foi dito da parte do Senhor foi cumprido.

---

[2] Cf. Sl 80,4.

[3] Ef 1,4.

[4] Cf. Jo 15,16.

Oração

Mãe de Jesus e minha Mãe! És feliz porque acreditaste na palavra do Senhor. Faz com que também eu me torne corajosa testemunha de Cristo. Que resplandeça em mim diante do mundo o rosto de teu Filho e Senhor Jesus Cristo. Que minha caridade seja autêntica, de maneira que reconduza à fé os incrédulos, conquiste para teu Filho os que estão em busca de um sentido para a vida, e atinja a todos. Concede, ó Maria, a nosso país, que progrida na justiça e na solidariedade, e cresça sempre na fraternidade. Ajuda-nos a não perder de vista que nosso destino eterno não é a terra, mas o céu. Amém.

Compromisso para o dia de hoje

Rezar calmamente, tomando consciência de cada verdade, o *creio-em-deus-pai*.

Maria então disse: "A minha alma engrandece o Senhor, e meu espírito se alegra em Deus, meu Salvador, porque ele olhou para a humildade de sua serva" (Lc 1,46-48).

Qual o olhar que Maria tinha sobre si própria? Qual o autoconceito? No *Magnificat*,[1] seu cântico, temos a resposta.

Nos primórdios da criação, nossos primeiros pais se rebelaram contra Deus. A serpente havia dito: "Deus sabe que, no dia em que comerdes da árvore, vossos olhos se abrirão, e sereis como Deus, conhecedores do bem e do mal".[2] Desejando, pois, ser "como Deus", nossos pais desobedeceram e foram precipitados para fora do paraíso. Maria, a nova Eva, encontrando-se com Isabel, testemunhou sua obediência. Nela haviam sido realizadas maravilhas, é verdade, mas por obra do Todo-Poderoso. Nela, tudo era gratuito, tudo era obra de seu Senhor. Ele é que, olhando sua humildade, fizera isso. A ela própria só restava cantar sua misericórdia, o poder de seu braço e a força de sua ação. Que conceito tinha de si mesma? Não passava de uma humilde serva, a quem as gerações futuras proclamariam bem-aventurada.

---

[1] *Magnificat:* com essa palavra (verbo que significa "engrandece") começa, em latim, o hino que Maria proclamou em resposta aos elogios de Isabel.

[2] Gn 3,5.

Mais tarde, seu Filho ensinaria a importância do serviço ("O maior dentre vós deve ser aquele que vos serve)"[3] e da humildade ("Tomai sobre vós o meu jugo e sede discípulos meus, porque sou manso e humilde de coração)"[4]. Filha de um povo que se guiava pelos ensinamentos do Senhor, não devia ser desconhecida a Maria a observação do livro dos Provérbios: "Ele zomba dos zombadores, mas concede seu favor aos humildes".[5]

No *Magnificat* transparece a experiência pessoal de Maria. Como "pobre de Javé",[6] espera de Deus a própria salvação, pondo nele toda a confiança. Testemunha que o Deus que salva é fonte de toda a dádiva, manifesta seu amor preferencial pelos pobres e humildes.

O cântico de Maria tem características únicas.[7] Cada palavra tem referências no Antigo Testamento. Como não lembrar, por exemplo, o cântico de Ana, mãe de Samuel?[8] E, no entanto, o resultado não é uma costura de textos escriturísticos, ou uma antologia de citações, mas um canto novo, que manifesta quem é Maria. Ela está feliz; Maria é feliz. Feliz porque Deus a escolheu; feliz porque espera Jesus; feliz porque encontrou Isabel que a compreende e com a qual pode cantar sua alegria.

É uma graça e uma arte aprender a rezar. Quando alguém reza com os Salmos e os cânticos da Sagrada Escritura, mais e mais aprende a voltar-se para Deus com suas próprias palavras. Foi assim que surgiu o *Magnificat* no coração de uma jovem em festa. E é assim que surgem tão belas orações no coração de nosso povo.

---

[3] Mt 23,11.

[4] Mt 11,29.

[5] Pr 3,34.

[6] "Pobre de Javé": no Antigo Testamento e, particularmente nos Salmos, designa aquele que confia somente no Senhor, pois reconhece que nada pode por si mesmo. Cf. Salmos 26; 32; 36; 56.

[7] Para conhecer melhor o *Magnificat*: cf. KRIEGER, dom Murilo S. R., ,scj. *Com Maria, a Mãe de Jesus*. São Paulo, Paulinas, 2001. Capítulo XI: "Rezar como Maria rezou".

[8] Cf. 1Sm 2,1-10.

Oração

Mãe de Jesus e minha Mãe, Maria do Magnificat! Quantas vezes o povo se voltou para Deus com as palavras de teu cântico: "A minha alma engrandece o Senhor!" És nossa Mãe, mas és, também, nossa Mestra na oração. Ensina-me a rezar conforme os fatos de minha vida. Diante dos apelos de Deus, que minha visão seja tão ampla como a tua! Confio-te as pessoas que encontrar no dia de hoje. Alimenta nelas o desejo de buscar o bem, a ser solidárias com os pobres e os doentes, os presos e os sem-teto, os desempregados e os marginalizados. Entra no coração de todos e ensina-nos a fazer de nossa vida um cântico que agrade a Deus. Amém.

Compromisso para o dia de hoje

Componha seu próprio *Magnificat*, segundo a ação de Deus em sua vida.

[Maria então disse:] "Todas as gerações, de agora em diante, me chamarão feliz, porque o Todo-Poderoso fez para mim coisas grandiosas" (Lc 1,48-49).

De quantos títulos e nomes de Maria você seria capaz de se lembrar neste momento? Por mais que sua lista seja grande, será incompleta. Sim, porque seus nomes e títulos são milhares, alguns de origem bíblica, outros nascidos no coração da Igreja. Realmente, "todas as gerações, de agora em diante, me chamarão feliz..."

Essa profecia cumpriu-se ao longo dos séculos. Mas, dois mil anos atrás, ao menos até Pentecostes, Maria viveu uma situação semelhante à de seu Filho: um enaltecimento, mesmo que indireto, aqui ("Feliz o ventre que te trouxe e os seios que te amamentaram")[1] e uma advertência, como a de Simeão, ali ("Uma espada traspassará tua alma!").[2] Ela viveu sua missão na fé, no silêncio e na simplicidade. Quando contemplava o Menino Jesus, devia experimentar um misto de admiração e mistério: era carne de sua carne, bendito fruto de seu ventre. Gestara-o por nove meses e podia apertá-lo nos braços e lhe dizer: "Meu filho!" No

---

[1] Lc 11,27.

[2] Lc 2,35.

momento seguinte, talvez experimentasse uma sensação estranha, pois era Deus que estava ali, no seu colo. Deus com o rosto de uma criança. Poderia gritar, apontando-o a todos: "Esta criança é Deus, e Deus é meu Filho!" Quem não consegue imaginar a reação de incredulidade que suas palavras causariam...?

Não foi em vista de seu esforço ou méritos que Maria conseguiu as virtudes que a ornaram, as graças e os títulos que hoje ostenta. Maria é obra de Deus. O que podemos fazer é ficar atentos à ação do Senhor nessa sua escolhida, para descobrir os dons com que a agraciou. Foi em vista de seu Filho que nela realizou maravilhas, as "coisas grandiosas" a que Maria se referiu no *Magnificat*. Deu-lhe sua ternura, sua bondade e sua pureza e, olhando para a humildade dessa sua serva, chamou-a "cheia de graça".

Os fiéis percebem a santidade de Maria e a veneram como rainha gloriosa no céu. Sabem que conheceu de perto a pobreza e foi emigrante, viu o Filho sendo julgado e condenado como criminoso, e participou de perto de seus sofrimentos. Alegram-se com ela pela ressurreição de Jesus e celebram com alegria suas festas, participam com entusiasmo de suas procissões, vão em peregrinação a seus santuários e gostam de cantar em seu louvor. Estão tão certos de que ela intercede em seu favor que imploram sua proteção: *rogai por nós, pecadores!*

"Todas as gerações" — também a nossa! — reconhecem o que o Todo-Poderoso realizou em Maria e a chamam de "feliz".

Oração

Mãe de Jesus e minha Mãe! A ti a humanidade recorre em suas necessidades e invoca com inúmeros nomes e títulos. Cada um deles lembra teu amor maternal por um grupo de teus filhos, por um lugar ou todo um país. Lembra, também, tua proteção em momentos de dor, de doença ou de alegria. Por toda parte és aclamada como Rainha, pois teus filhos sentem em suas vidas tua amorosa intercessão. Também eu sou testemunha de que o Todo-Poderoso fez em ti grandes coisas. Por isso, lembrado daquele que é o fundamento de todos os outros títulos – Mãe de Jesus –, peço-te: sê para todos a Estrela que conduz a teu Filho. Amém.

Compromisso para o dia de hoje

Reze sua ladainha de Nossa Senhora com base em títulos que se lembrar, em fatos marianos que recordar, em graças que obteve através dela.

[Maria então disse:] "O seu nome é Santo" (Lc 1,49).

O nome de Deus, segundo o Antigo Testamento, confunde-se com ele mesmo. Seu nome é sua própria realidade, é sua "essência". Por isso, foi revelado a Moisés: "Não pronunciarás o nome do Senhor teu Deus em vão, porque o Senhor não deixará sem castigo quem pronunciar seu nome em vão".[1]

Santo é o termo bíblico que melhor expressa a transcendência de Deus, porque Deus é Santo, é o Santo, é "três vezes Santo".[2] Somente ele é Santo.[3] Procurando demonstrar seu infinito amor por seu povo, apesar das infidelidades deste, Deus, através do profeta Oséias, destacou que não poderia ser confundido com um homem. Sua maneira de tratar os que ama não tem nada de semelhante com o jeito humano de ser: "Eu sou um Deus, não um ser humano, sou o Santo no meio de ti, não venho com terror!".[4]

---

[1] Ex 20,7.

[2] Is 6,3.

[3] Cf. 1Pd 1,15; Ap 4,8; 6,10.

[4] Os 11,9.

A Virgem Maria, ao proclamar o *Magnificat*, devia ter diante de si as palavras que o anjo Gabriel lhe havia dito: "Aquele que vai nascer será chamado Santo".[5] Essa proclamação da santidade de Deus é o ponto alto de seu cântico. Maria engrandece o Senhor porque é Santo.

No início do terceiro milênio, quis o papa João Paulo II que a Igreja tivesse diante de si objetivos claros, para que pudesse resplandecer "cada vez mais na variedade dos seus dons e na unidade do seu caminho".[6] Em vista disso, preparou a Carta Apostólica *Novo Millennio Ineunte* (No início do Terceiro Milênio), rica de orientações.

Mesmo sabendo que cada diocese tem particularidades próprias, o papa assumiu o desafio de apontar algumas prioridades pastorais, válidas para todas. E, para surpresa de muitos, a primeira prioridade pastoral apontada foi a santidade.

A santidade é "o horizonte para o qual deve tender todo o caminho pastoral".[7] O batismo é um ingresso na santidade de Deus. Santo é o batizado que se purifica e se renova profundamente, consciente de que pertence àquele que é Santo. Paulo disse isso com palavras que não deixam qualquer dúvida: "A vontade de Deus é que sejais santos".[8] Devia ter diante de si os ensinamentos de Jesus no Sermão da Montanha: "Sede perfeitos como o vosso Pai celeste é perfeito".[9]

A santidade não é uma meta reservada a uma elite, a alguns privilegiados, mas todos os cristãos, de qualquer estado ou ordem, são chamados à plenitude da vida cristã e à perfeição da caridade.[10] Nenhum batizado — nenhum! — poderá se contentar com uma vida medíocre ou superficial, pois seu Senhor é Santo.

---

[5] Lc 1,35.

[6] João Paulo II, Carta Apostólica *Novo Millennio Ineunte*, 3.

[7] Id., 30.

[8] 1Ts 4,3.

[9] Mt 5,48.

[10] Cf. Concílio Ecumênico Vaticano II, Constituição Dogmática *Lumen Gentium*, 40.

Oração

Mãe de Jesus e minha Mãe! Eis-me aqui. Como sabes, sou pecador, sou limitado. Suplico-te, filha predileta do Pai, que, durante o dia de hoje, me ensines a caminhar na santidade. Unido a meus irmãos e irmãs, devo trabalhar para construir uma Igreja santa, que viva de acordo com a vontade de Deus. Tu, desde o primeiro momento de tua existência, foste preservada do pecado original, em virtude dos méritos de Jesus, de quem deverias tornar-te Mãe. Sobre ti o pecado e a morte não tiveram poder. Intercede por mim, intercede por meus irmãos e irmãs, Mãe querida, para que sejamos santos, como Deus é Santo. Amém.

Compromisso para o dia de hoje

Preparar-se, mesmo que remotamente, para a confissão, com um exame de consciência que parta de sua vocação à santidade.

[Maria então disse:] "Sua misericórdia se estende de geração em geração sobre aqueles que o temem" (Lc 1,50).

Na primeira parte do *Magnificat*,[1] Maria louvou o Senhor pelo que tinha realizado com a sua humilde serva. Agora, como Filha de Sião, o louva em nome de seu povo. Começa destacando a misericórdia de Deus sobre aqueles que o temem. É próprio do Senhor ser misericordioso para com suas criaturas. Com carinho imenso olha para os que dele necessitam e a ele acorrem. Mas seu amor é impaciente: mais do que esperar seus filhos, vai ao encontro deles, para socorrê-los em suas necessidades.

Para manifestar sua misericórdia, Deus não se dirige a grupos anônimos, mas a pessoas concretas: dirige-se a Abraão, a Moisés, a Davi, a Salomão, a Isaías, aos nossos pais. Antes, não se via o rosto de Deus. Ele se manifestava numa sarça ardente, numa nuvem ou numa coluna de fogo. Na plenitude dos tempos, isso mudou: "nestes dias, que são os últimos, falou-nos por meio do

---

[1] Pode-se dividir o *Magnificat* em três partes: 1) Lc 1,46-49: Maria louva o Senhor pelo que fez nela, serva e pobre; 2) Lc 1,50-53: Maria o louva pelos pobres; 3) Lc 1,54-55: Maria o louva por todo o povo de Israel.

Filho".[2] Em breve Maria iria descobrir que, em seu Filho, Deus tem um rosto que sorri, uma mão que acaricia, um olhar que envolve, e braços que se estendem. Ou, numa linguagem mais teológica: "Jesus trabalhou com mãos humanas, pensou com inteligência humana, agiu com vontade humana e amou com coração humano".[3]

Seguindo a pedagogia do Antigo Testamento, quando abria a boca e ensinava, Jesus se dirigia a pessoas concretas, com nome, história, problemas etc. Pessoas muitas vezes machucadas e tristes, abatidas e preocupadas. E era o rosto de seu Pai que via nelas. Por isso, ao lhes falar de sua misericórdia, contava parábolas ou dava exemplos que cada um de seus ouvintes entendia. A parábola do Filho Pródigo, nesse sentido, é inigualável.

O relacionamento misericordioso que tinha com os homens e as mulheres, as crianças e os jovens de seu tempo, Jesus quer ter hoje com todos — com você, particularmente. Ao desejar manter um relacionamento pessoal com cada irmão ou irmã que conquistou com seu sangue, quer que todos passem pela experiência vivida por Paulo, assim sintetizada: "Ele me amou e se entregou por mim".[4]

"Sua misericórdia se estende de geração em geração sobre aqueles que o temem". Maria tinha razão. Pertencemos a uma geração que, sob inúmeras formas, faz experiências renovadas da misericórdia de Deus. Temos até um domingo — o segundo da Páscoa — para nos debruçar especificamente sobre o rosto misericordioso de Deus. Não será esse um sinal de que Deus nos quer ver imitando Maria, isto é, proclamando ao mundo sua misericórdia? Não é justamente de misericórdia que nosso mundo mais precisa?

---

[2] Hb 1,2.

[3] Concílio Ecumênico Vaticano II, Constituição Pastoral *Gaudium et Spes*, 22.

[4] Gl 2,20.

Oração

Mãe de Jesus e minha Mãe! Em teu canto, proclamaste a eterna misericórdia do Pai. Ao longo de tua vida, testemunhaste essa misericórdia nas palavras e gestos de teu Filho. Por isso, quero estar sempre contigo, especialmente quando meu coração estiver pesado e sobrecarregado. Maria, dona de casa, dá às famílias a fé e a concórdia que reinavam em tua casa de Nazaré. Maria, mãe atenta e cuidadosa, não permitas que teus filhos, perturbados por tantos perigos, sejam afastados de Jesus. Maria, mãe dos sacerdotes, intercede por eles, para que tenham com o Senhor a intimidade que tinhas. Roga sempre por nós. Amém.

Compromisso para o dia de hoje

Tomar consciência das manifestações da misericórdia do Senhor em sua vida nas últimas semanas e praticar essa virtude (a da misericórdia) pelo olhar, pelas palavras, pelas atitudes.

[Maria então disse:] "Ele mostrou a força de seu braço: dispersou os que têm planos orgulhosos no coração" (Lc 1,51).

As expressões que Maria usou nesta parte do *Magnificat* podem parecer fortes e até duras para uma jovem da Galiléia de vinte séculos atrás. São, isso sim, coerentes com a visão de Deus que ela adquiriu debruçando-se sobre a revelação que ele fez de si mesmo: "Com teu braço poderoso dispersaste teus inimigos",[1] constata o salmista; "Princípio da soberba do homem é afastar-se de Deus... Pois o princípio de todo pecado é a soberba: ... ela, no fim, o destruirá",[2] comenta o Eclesiástico. A força do "braço de Deus" está a serviço da justiça e da misericórdia. Mesmo quando corrige algum de seus filhos, ele o faz para que viva em plenitude.

Maria louva a Deus porque constatou que quando alguém se eleva de forma indevida, injusta ou tirânica, Deus o coloca em seu devido lugar. O orgulhoso é um mentiroso, pois se supervaloriza indevidamente. Um orgulhoso é incapaz de valorizar outras pessoas: seu amor-próprio o impede até de percebê-las, mesmo que

---

[1] Sl 89,11.

[2] Eclo 10,14-15.

necessitadas e pobres. Já Moisés havia prevenido os israelitas do perigo de alguém se deixar levar pelo orgulho, pois, como conseqüência, Deus acabaria sendo esquecido, justamente ele, que demonstrou de muitas maneiras carinho pelo seu povo.[3] No lado oposto está a pessoa que teme a Deus: reconhece os próprios limites e, ao mesmo tempo, busca junto a ele o auxílio de que necessita.

O coração — palavra que para o homem bíblico e, também, para o moderno, designa a própria pessoa, sua intimidade, sua personalidade, a fonte do bem e do mal — abandonado a seus próprios desejos, perde-se. Deus não intervém a cada momento para nos corrigir. Tendo-nos dado inteligência e vontade, respeita as decisões que tomamos, mesmo quando usamos nossa liberdade contra ele. Os orgulhosos acabam colhendo o que plantam: servindo o pai da mentira, desintegram-se, pois são conduzidos pela auto-suficiência, não pelos ensinamentos de Deus.

Maria, diante de acontecimentos que não compreendia e de experiências cujo significado não alcançava, guardava tudo "em seu coração".[4] Ela nos demonstra que os humildes se submetem a uma disciplina, não seguem os pensamentos do próprio coração, sabem escutar e aprendem os segredos de Deus. Afinal, "ele se deixa encontrar pelos que não o põem à prova, e se manifesta aos que nele confiam".[5]

---

[3]   Cf. Dt 8,11-16.

[4]   Lc 2,19.51.

[5]   Sb 1,2.

Oração

Mãe de Jesus e minha Mãe! Fizeste experiência da força do braço de Deus. Testemunhaste que ele dispersa os orgulhosos. Descobriste, por outro lado, com quanto amor se debruça sobre aqueles que o servem. Porque entendes de tudo isso e porque conheço minha fragilidade, coloco-me hoje sob a tua proteção. Invoco tua intercessão para construir minha vida pessoal, familiar e social, segundo o plano de Deus. Orienta meus passos para que cresça minha dedicação aos outros e eu seja capaz de sair vitorioso sobre o pecado. Que, sem cessar, eu procure a salvação, que é dom exclusivo de teu Filho Jesus. Amém.

Compromisso para o dia de hoje

Examine seu projeto de vida (talvez não formulado ainda), e se pergunte: a) nele, o que é realmente de Deus?; b) o que é fruto do orgulho (ou da "prima" do orgulho: a vaidade)?

[Maria então disse: o Poderoso] "Derrubou os poderosos de seus tronos e exaltou os humildes" (Lc 1,52).

Este verso do *Magnificat* opõe duas categorias de pessoas: os poderosos e os humildes. Não se trata de uma visão revolucionária, como muitos pretendem ver nesta parte do cântico de Maria. Segundo pensam, haveria uma mudança radical na situação injusta do mundo, a ponto de os humildes passarem a ser, agora, os novos dominadores, o que vale dizer, os novos opressores. Para Maria, se alguma revolução está em jogo é a de Deus, e essa tem como base a justiça e o amor, a liberdade e a verdade. Derrubando os poderosos de seus tronos, Deus os leva a descobrir a verdade sobre si próprios — verdade que não é nada agradável.

A humilhação dos poderosos deste mundo é um tema freqüente na Bíblia: "O espírito arrogante do homem vai se rebaixar";[1] "Ponho fim no orgulho dos soberbos, e rebaixo a vaidade dos prepotentes".[2] O problema dos poderosos é que acreditam ser "o Poderoso". Colocam-se no lugar de Deus. Sentados em

---

[1] Is 2,11.

[2] Is 2,11; 13,11.

seus tronos e, com o coração endurecido, pretendem governar a tudo e a todos. Os outros são vistos como rivais, não como irmãos. Não há limites para seus desejos de dominação. O poder é buscado sempre mais em função do próprio poder. São grandes os estragos causados no mundo de hoje pelos "Poderosos", isto é, pelos que fazem questão de afirmar sempre mais seu "eu", sua força, sua sabedoria, seu dinheiro.

Também o tema da exaltação dos humildes é bíblico: "Tudo vai mudar! O que é baixo será elevado, o que é alto, será abaixado!"[3] Fica claro que não se trata de uma situação reservada exclusivamente a Maria, mas que atingirá todos os servidores do Senhor, à semelhança da que ocorrerá com o "servo" do profeta Isaías, principal prefiguração de Jesus Cristo no Antigo Testamento: "Eis! O meu servo terá sucesso, vai crescer, subir, elevar-se muito".[4] Quando Satanás o tentou ("Eu te darei todo este poder e a riqueza destes reinos, pois a mim é que foram dados, e eu os posso dar a quem quiser"), Jesus respondeu: "Está escrito: Adorarás o Senhor teu Deus e só a ele prestarás culto".[5]

Voltando nosso olhar para Maria, descobrimos que suas palavras: "Eis aqui a serva do Senhor",[6] muito mais que uma resposta, são um programa de vida. Ela nos ensina, também, que ser humilde significa aceitar viver não segundo os próprios desejos e projetos, por melhores que possam parecer, mas em função de Jesus Cristo, de seus ensinamentos. Ele que viveu em nosso meio como aquele que serve.[7]

---

[3] Ez 21,31.

[4] Is 52,13.

[5] Lc 4,6-8.

[6] Lc 1,38.

[7] Cf. Lc 22,27.

Oração

Mãe de Jesus e minha Mãe! Porque acreditaste que só o Pai é poderoso, foste exaltada pela tua fé e humildade. Por isso, hoje quero recolher e depositar em tuas mãos tudo o que um filho é capaz de te oferecer: a inocência das crianças; a generosidade e o entusiasmo dos jovens; os sofrimentos dos doentes; o amor cultivado nas famílias; o cansaço dos trabalhadores; a angústia dos desempregados; a solidão dos idosos; a aflição de quem está desorientado; o arrependimento de quem se desviou no pecado; os propósitos de quem descobriu o amor do Pai; e a fidelidade dos sacerdotes, religiosos e religiosas. Amém.

Compromisso para o dia de hoje

Faça uma lista das três pessoas que mais deixaram marcas positivas em sua vida. Em seguida, procure ver de que maneira elas viveram a humildade.

[Maria então disse: o Poderoso]
"Encheu de bens os famintos, e mandou embora os ricos de mãos vazias" (Lc 1,53).

Famintos e ricos: por que essa oposição no cântico do *Magnificat*? Não parece uma antecipação da parábola que Jesus iria contar, a respeito do rico que se vestia com roupas finas e elegantes e dava festas esplêndidas todos os dias, e do pobre, chamado Lázaro?[1] O grande problema se situa justamente aí: na tendência de os ricos ignorarem os necessitados, de acumularem sempre mais e se esquecerem até de Deus. Tornam-se escravos de seus próprios bens. O bezerro de ouro[2] muda de feições e de nome, mas, sob muitas formas, continua sendo adorado.

Maria, ao se referir aos famintos e ricos, não parece estar fazendo uma profecia, mas descrevendo uma situação do passado. Ora, enquanto ela estava em casa de Isabel, as injustiças continuavam, e até bem perto dali. O domínio romano era uma realidade, com seus pesados tributos e uma corrupção que empobrecia ainda mais os pobres. Herodes, num futuro breve, iria demonstrar sua

---

[1] Cf. Lc 16,19-31.

[2] Cf. Ex 32,7-8.

tirania, mandando matar crianças de Belém para, assim, não correr o risco de ter um concorrente ao trono. Acontece que essa maneira de descrever usada por Maria é freqüente na história da salvação. O ponto de vista, na realidade, é o de Deus. Assim, Maria vê o futuro como seu Senhor o vê. Tem certeza de que a justiça triunfará. Mesmo que tudo indique o contrário, o futuro já está garantido para quem acredita nele.

Há uma outra fome que Deus quer saciar: a fome dele mesmo, a fome de vida sobrenatural, de vida interior, de vida espiritual. Hoje, há tentativas de dar respostas novas a essa fome: o prazer, a televisão, a agitação, a fama, a busca renovada de emoções etc. O importante é preencher o tempo, não deixar as pessoas pensarem. Quem se sacia com esse tipo de alimento terá fome de Deus? O Poderoso "mandou embora os ricos de mãos vazias". No Apocalipse, dirá: "Conheço a tua conduta. Não és frio, nem quente. Oxalá fosses frio ou quente! Mas, porque és morno, nem frio nem quente, estou para vomitar-te de minha boca. Tu dizes: 'Sou rico e abastado e não careço de nada', em vez de reconhecer que és infeliz, miserável, pobre, cego e nu!".[3]

Maria fala de uma riqueza que será severamente denunciada nas pregações de seu Filho — "as preocupações do mundo, a ilusão da riqueza e os outros desejos"[4] —, pois impede que nasçam no coração os frutos esperados. Ensina-nos, antecipadamente, que ser "pobre no espírito" é uma graça, a qual, como já sabemos, pode e deve ser pedida.

---

[3] Ap 3,15-17.

[4] Mc 4,19.

Oração

Mãe de Jesus e minha Mãe! Tuas mãos estão cheias de bens. Deus mesmo confiou a ti seu mistério e seu projeto de salvação para o mundo. Obtém para os teus filhos e filhas, que vivem no início deste terceiro milênio, uma nova sensibilidade às coisas de Deus. Obtém para todos os corações, seduzidos pelas riquezas do mundo e conquistados pelas coisas passageiras, uma nova fome de Deus. Uma fome imensa por Cristo presente na eucaristia. Que esse sacramento esteja no centro de minha vida e da vida de todos os meus irmãos e irmãs, para que comendo a carne e bebendo o sangue de teu Filho, ele permaneça em nós e nós nele. Amém.

Compromisso para o dia de hoje

Prepare-se para a próxima santa missa que vai assistir: a) de que pedirá perdão?; b) o que desejará agradecer? c) o que irá oferecer?; d) quais situações da vida que o cerca irá levar consigo?; e) por quais pessoas irá rezar?

*[Maria então disse: o Poderoso]
"Acolheu Israel, seu servo, lembrando-se de sua misericórdia, conforme prometera a nossos pais, em favor de Abraão e de sua descendência, para sempre"
(Lc 1,54-55).*

Em seu cântico de louvor e agradecimento ao seu Senhor, Maria começa lembrando o que nela — serva e pobre — ele havia realizado. Depois, o que fez em favor dos humildes e necessitados. Agora, os horizontes se alargam: também o povo escolhido foi ricamente beneficiado, demonstrando que Deus é fiel.

"Acolheu Israel..." Não se trata somente do patriarca Jacó que, após uma misteriosa luta noturna[1] com o próprio Senhor, recebeu o nome de Israel, "porque lutaste com Deus e com homens, e venceste".[2] É uma referência ao povo de Deus como tal, servo, sim, mas não escravo. Deus o trata com carinho, porque se lembra de sua misericórdia. Na longa travessia do deserto, foi Moisés que, inúmeras vezes, "lembrou" a Deus suas promessas e seu grande amor.

Maria nos ensina uma belíssima forma de pedir os dons de que necessitamos: não apenas chamando a atenção para nossas necessidades, o que é justo e válido, mas também fazendo referência

---

[1] Cf. Gn 32,23-30.

[2] Gn 32, 29.

ao amor gratuito, generoso e inesgotável de Deus, e à sua misericórdia, manifestada largamente ao longo da história. Nessa maneira de rezar, há, implícito, o louvor, o enaltecimento e a exaltação da maneira de ser e de agir de nosso Deus.

"Em favor de Abraão..." Nosso pai na fé mereceu ser chamado de "amigo de Deus".[3] Foi com ele que Deus fez a primeira aliança: "Multiplicarei sobremaneira tua descendência... Serás pai de uma multidão de nações... Terás reis como descendentes".[4] É bom lembrar que, por essa ocasião, Abraão tinha cem anos, e Sara, noventa.[5] E Isaac ainda nem tinha sido gerado. Ao lembrar-se de Abraão, como Maria não se recordaria do que ouvira da boca do anjo? "Para Deus, nada é impossível".[6]

"Para sempre..." O povo escolhido fazia regularmente memória[7] tanto das promessas feitas a seus antepassados, como também de seu cumprimento ao longo da história. Maria recordava o que o Senhor havia prometido a Abraão, e quanto havia sido fiel às suas promessas. Como não se lembraria de que justamente nela estava sendo cumprida a mais importante promessa: a do Messias que — só ela sabia! — era o próprio Filho de Deus? Como as promessas de Deus são "para sempre", também nós somos atingidos por elas e chamados a recordá-las, ou melhor, a fazer "memória", para que também sobre nós o Senhor continue manifestando o quanto é misericordioso.

---

[3] Cf. Is 41,8.

[4] Gn 17,2-6.

[5] Cf. Gn 17,17.

[6] Lc 1,37.

[7] Memória: nas celebrações do povo escolhido, o passado era vivido no presente. Assim, por exemplo, quando uma família celebrava a Páscoa, tinha consciência clara de que naquele momento Deus estava passando em sua casa e em sua vida, e a estava salvando.

Oração

Mãe de Jesus e minha Mãe! Cantaste a misericórdia daquele que foi e é fiel às suas promessas. Teu Filho é a maior prova dessa fidelidade e da misericórdia prometida a nossos pais. Obtém-nos de Jesus a capacidade de acreditar na infinita misericórdia do Pai, ponto de partida para qualquer passo de conversão. Obtém-nos o perdão e a libertação do mal. E, para a humanidade ainda dominada pelo ódio e pelo egoísmo, obtém a salvação e a paz. Ponho em tuas mãos meu empenho de verdadeira e profunda conversão. Possa eu ser testemunha da misericórdia de Deus, "ó clemente, ó piedosa, ó doce e sempre Virgem Maria". Amém.

Compromisso para o dia de hoje

Faça-se voz da humanidade, de suas necessidades, e clame ao Senhor, fazendo referência a seu amor gratuito, generoso e inesgotável.

Maria ficou três meses com Isabel. Depois, voltou para sua casa (Lc 1,56).

"Maria voltou para sua casa." A Bíblia dá grande destaque a temas que mudaram o rumo da história da salvação: a arca de Noé e a vocação de Abraão; a infidelidade do povo no deserto e sua entrada na Terra Prometida; a unção de Davi e as advertências dos profetas... No Novo Testamento encontramos ensinamentos preciosos, que nos são dados não tanto pelo que é descrito, mas por aquilo que é apenas sugerido: Maria guardava todas as coisas em seu coração; Jesus dormia na barca; um menino tinha alguns pães e dois peixes; Zaqueu subiu numa árvore etc. A observação: "Maria voltou para sua casa" pode ser incluída nessa lista. Seria o mesmo que dizer: voltou para sua rotina, para seu cotidiano, para seu dia-a-dia.

Há uma espiritualidade que não foi ainda devidamente desenvolvida: a daqueles que vivem "em sua casa". Humanamente falando, nada fazem de extraordinário. Seus nomes nunca são citados pela imprensa; seus atos não são objeto de estudo e, muito menos, recebem elogios. Vivem sem ser notados. Ao morrerem, talvez alguém diga: "Morreu da forma como viveu: discretamente". "Em sua casa", porém, talvez tenham vivido uma extraordinária experiência de vida cristã. Seguiram Jesus Cristo e se santificaram numa vida que nada tinha de cinzenta.[1]

Quem vive assim pode não ser notado pelos que o cercam, mas seus atos e palavras glorificam a Santíssima Trindade. Foi pensando nessas pessoas que Jesus disse: "Eu te louvo, Pai, Senhor do céu e da terra, porque escondeste estas coisas aos sábios e entendidos e as revelaste aos pequeninos".[2] Já pelo profeta Isaías, havíamos sido advertidos: "Meus pensamentos não são os vossos pensamentos, e vossos caminhos não são os meus".[3]

"Maria voltou para sua casa." Voltou para fazer o que faziam e fazem muitas donas de casa. O Evangelho, mesmo não sendo uma descrição da vida de Maria, chama nossa atenção para alguns momentos especiais vividos por ela. E quando foi que agradou mais a Deus: quando deu seu *sim* na anunciação ou quando lavava a roupa que Jesus vestiria? Quando apresentou Jesus aos pastores ou quando, em Nazaré, arrumava a mesa para a refeição? Quando estava aos pés da Cruz ou quando se recolhia em oração, na novena de Pentecostes? Todos esses momentos foram importantes para Deus. Eram pedras coloridas de um belíssimo mosaico, idealizado pelo Pai desde toda a eternidade.

Esteja atento à "sua casa" e descubra a presença de Deus em seu cotidiano.

---

[1] Cf. João Paulo II, Carta Apostólica *Novo Millennio Ineunte*, 59.

[2] Mt 11,25.

[3] Is 55,8.

Oração

Mãe de Jesus e minha Mãe! Durante longos anos, na simplicidade de Nazaré, foste mãe, esposa e dona de casa. Cada momento, para ti, era ocasião para um especial encontro com teu Senhor. Quantas lembranças, guardadas em teu coração, eram recordadas cada dia, em cada momento? Quantas vezes repetias o Magnificat? Quantos gestos de amor fazias que só o Pai conhecia? Ensina-me, ó Mãe, a valorizar a simplicidade de cada dia e a descobrir em tudo a presença de Deus. Ensina-me que o valor de uma vida não se mede pela repercussão humana que tem, mas pela intensidade de amor com que é vivida. Amém.

Compromisso para o dia de hoje

Reveja um "dia normal" de sua vida e se pergunte: Que consciência da presença de Deus tive em cada momento? De quais momentos ele mais se agradou?

Maria deu à luz o seu Filho primogênito, envolveu-o em faixas e deitou-o numa manjedoura, porque não havia lugar para eles na hospedaria (Lc 2,7).

"Maria deu à luz... envolveu-o... deitou-o". O evangelista Lucas ressalta a ação de Maria. O *sim* da anunciação desdobra-se, na gruta de Belém, em gestos que marcam seu espírito de iniciativa. Não procurou aquela situação: abraçou-a porque vinha de seu Senhor. Não era ele o Onipotente? Não era verdade que para ele "nada é impossível"? Segundo acreditava, Deus é aquele que toma iniciativas, que demonstra o poder de seu braço, dispersa os orgulhosos e derruba os poderosos de seus tronos. Se, mesmo grávida, precisou enfrentar uma longa viagem a Belém para recensear-se, não era apenas para obedecer aos planos dos poderosos. Tudo fazia parte dos planos de Deus, conforme o profeta Miquéias deixara claro, mais de sete séculos antes: "Mas tu, Belém de Éfrata, pequenina entre as aldeias de Judá, de ti é que sairá para mim aquele que há de ser o governante de Israel".[1]

Seria difícil imaginar circunstâncias mais difíceis ou um lugar mais pobre para o nascimento do Filho do Altíssimo. Por que ali?

---

[1] Mq 5,1.

Por que daquele modo? "Acolheu Israel, seu servidor, fiel ao seu amor." Se Deus acolheu o povo escolhido, muitas vezes infiel, como não acolheria seu próprio Filho? Deus é fiel a seu amor. Como perceber isso naquela gruta? Se, agora, enquanto seu Filho era ainda criança, não havia lugar para ele na hospedaria, haveria lugar no mundo quando crescesse? Seria essa rejeição, à qual também ela e José estavam ligados, pois "não havia lugar para eles...", um convite a se unirem, desde agora, à missão do Salvador?

Sabia que, mais do que fazer perguntas, cabia-lhe, como mãe, envolver o Filho em faixas e deitá-lo na manjedoura; alimentá-lo e atendê-lo em suas necessidades; apresentá-lo a quem o visitasse e preparar-se para voltar a Nazaré. Não podia negar: havia alegria em seu coração. Nada a perturbava, nem a pobreza da gruta nem a distância de sua casa. Como Deus podia amar tanto assim o mundo, enviando-lhe seu Filho? E por que escolhera justamente como Mãe, ela, uma humilde serva?

O que Maria não imaginava é que os homens e as mulheres de todos os tempos aprenderiam com ela a conhecer nesse Menino o rosto humano de Deus; a encontrar o Messias e a contemplá-lo com seu olhar. O Menino que tinha diante de si era "frágil, humilde e silencioso, mas rico do poder de Deus, que por amor se fez homem".[2] O acontecimento histórico que estava vivendo no mistério e no silêncio era o caminho oferecido à humanidade para poder, um dia, encontrar o Cristo ressuscitado e glorioso.

---

[2] João Paulo II, 24.12.02.

Oração

Mãe de Jesus e minha Mãe! Tu nos convidas a dirigirmos nosso olhar para o teu Filho Jesus, o Redentor do mundo. Ele nasceu na pobreza de Belém, para a nossa salvação, para dar sentido à nossa história. A humanidade, ó Mãe, não pode permanecer nas trevas: precisa da Luz verdadeira, que é o teu Filho. Ensina-nos a acolhê-lo, como tu o acolheste em teu coração, para que ele possa iluminar e dirigir nossos passos. Que nosso olhar se volte para todas as pessoas que não conhecem teu Filho e sejamos para elas o que tu foste em Belém e em Nazaré, e és para todos aqueles que se aproximam hoje de ti: portadores de Jesus! Amém.

Compromisso para o dia de hoje

Dentre as pessoas de seu relacionamento diário, escolha a mais simples e lhe manifeste hoje o valor que ela tem, escutando-a, servindo-a ou orientando-a.

Os pastores foram às pressas a Belém e encontraram Maria e José, e o recém-nascido deitado na manjedoura (Lc 2,16).

Quando os pastores iniciaram o trabalho naquela noite, tudo indicava que viveriam momentos iguais a milhares de outros. O que poderia acontecer de extraordinário além da tentativa de roubo de ovelhas ou do desgarramento de alguma delas? Nas longas noites nos arredores de Belém, as estrelas e a monotonia eram suas únicas companheiras. Mas agora o aparecimento inesperado do anjo do Senhor, o anúncio do nascimento do Salvador e a sinfonia de um coro angelical os deixara medrosos e surpresos. Do medo, o próprio mensageiro cuidara: "Não tenhais medo! Eu vos anuncio uma grande alegria, que será também a de todo o povo".[1] A surpresa os levou a tomar uma decisão: "Vamos a Belém, para ver a realização desta palavra que o Senhor nos deu a conhecer".[2] Como não ir se o nascimento anunciado era para eles? "Nasceu para vós!", dissera-lhes o anjo. Como não ir "às pressas", já que se tratava do nascimento do "Salvador, que é o Cristo Senhor"?[3]

---

[1] Lc 2,10.

[2] Lc 2,15.

[3] Lc 2,11.

Foram a Belém e, como o anjo lhes anunciara, encontraram, "deitado numa manjedoura", o recém-nascido "envolto em faixas".[4] "Quando o viram, contaram as palavras que lhes tinham sido ditas a respeito do menino."[5] Depois daquela noite, em que foram envolvidos de luz,[6] nunca mais suas vidas foram as mesmas. Por isso, quando voltaram para casa, louvaram e glorificaram a Deus "por tudo o que tinham visto e ouvido, de acordo com o que lhes tinha sido dito".[7]

Dentre as lições que os pastores nos dão, três podem ser destacadas. *Primeira lição:* muitas vezes o Senhor se manifesta onde e quando menos se espera. É preciso estar sempre atento, vigilante, para acolhê-lo no momento mais inesperado e na hora menos previsível. "Tenho medo do Cristo que passa e não volta", dizia Santo Agostinho. Quantas vezes pode ter passado a seu lado sem que fosse acolhido? *Segunda lição:* para encontrar-se com o Senhor, é preciso ter a capacidade de desinstalar-se. Os acomodados não o encontram, porque não aceitam sair de onde estão para "ir até Belém". *Terceira lição:* é necessário aceitar o fato de que é o Senhor que escolhe a maneira de se manifestar. Quem tem idéias preconcebidas sobre isso, e não abre mão delas, será incapaz de reconhecê-lo quando se manifestar em humildes grutas.

Maria sabia disso. Tanto sabia que, em Belém, foi capaz de acolhê-lo e adorá-lo, mesmo sem ter ouvido cânticos de anjos. E passou toda a sua vida acolhendo-o em situações inusitadas e surpreendentes.

---

[4] Lc 2,12.

[5] Lc 2,17.

[6] Cf. Lc 2,9.

[7] Lc 2,20.

Oração

Mãe de Jesus e minha Mãe! "Nasceu para nós um menino, um filho nos foi dado!"[8] Este Menino, que traz a salvação ao mundo, que nasce também para os homens e as mulheres de nossa época, é teu Filho. Comovido, uno-me aos pastores e me aproximo do presépio para encontrar, junto de ti, o esperado por todos os povos. Contemplo o rosto de Jesus: nele, envolvido em faixas e deitado numa manjedoura, é Deus que vem nos visitar para guiar nossos passos no caminho da paz.[9] Contemplo o Menino que colocas em minhas mãos e o adoro. Uno-me a ti para louvar o Senhor por este dom maravilhoso que nos deu: seu Filho. Amém.

Compromisso para o dia de hoje

Examine o dia de ontem e se pergunte: Qual foi a forma mais inesperada que o Senhor escolheu para se manifestar a você? Como você o acolheu? O que fará para estar atento às suas manifestações hoje?

---

[8] Is 9,5.

[9] Cf. Lc 1,79.

Todos os que ouviram os pastores ficavam admirados com aquilo que contavam. Maria, porém, guardava todas estas coisas, meditando-as no seu coração (Lc 2,18-19).

Ao chegar a Belém, tendo encontrado Maria e José, e o menino deitado na manjedoura, como lhes havia anunciado o anjo, os pastores não se contiveram e contaram detalhes da experiência que haviam tido naquela noite. "Todos os que ouviram os pastores ficavam admirados com aquilo que contavam."[1] Também para Maria foi uma experiência extraordinária. Como compreender tudo? Como assimilar? Só havia uma forma de não perder os inúmeros sinais que Deus lhe havia dado em tão poucas horas: guardar tudo no coração para meditar posteriormente, juntando, então, as peças daquele divino quebra-cabeças.

Se as palavras dos pastores a surpreenderam, o que dizer da experiência que estava vivendo interiormente, e que ninguém via? Como, nessa hora, não se lembrar de Abraão? Para fazer a vontade de Deus, havia caminhado na fé, numa longa noite escura, pois levava seu filho para o sacrifício, o filho único, que garantiria o cumprimento das promessas de Deus. Ela, também

---

[1] Lc 2,18.

sem compreender, devia aceitar o mistério que a envolvia e esperar, no abandono confiante, que com o passar do tempo nascesse uma luz sobre tudo o que estava vendo, ouvindo e guardando no coração. O título que um dia receberia, de "Memória da Igreja",[2] seria bem merecido.

Estava diante de uma criança que era sua: ela a havia gerado, deveria cuidar dela, educá-la e envolvê-la com seu amor. Mas, por outro lado, precisava reconhecer que, mesmo fazendo tudo isso, não podia dizer que o menino era seu. O anjo Gabriel, na anunciação, havia sido claro: "Ele será grande; será chamado Filho do Altíssimo, e o Senhor Deus lhe dará o trono de Davi, seu pai. Ele reinará para sempre sobre a descendência de Jacó, e o seu reino não terá fim".[3] Portanto, se alguém tinha direitos sobre o filho que contemplava, e do qual já se diziam coisas surpreendentes, esse alguém era o Pai. Começava, pois, a compreender que a resposta que dera nove meses antes — "Eis aqui a serva do Senhor" — precisava ser repetida, acima de tudo para convencer-se de que vivia uma situação marcada pelo mistério. Quando interrogado pelo filho sobre como oferecer um sacrifício ao Senhor, já que faltava o cordeiro, Abraão lhe respondeu, confiante: "Deus providenciará!".[4] Como será que seu Filho e Filho do Pai eterno reinará para sempre, nascendo aqui, pobre, numa gruta? Será acolhido? "Deus providenciará!" Descobria, aos poucos, que Deus só lhe pedia viver intensamente aquele momento, colocar-se à disposição de seus planos e guardar tudo no coração. Do resto, ele próprio cuidaria.

---

[2] "Memória da Igreja": título que o papa João Paulo II deu a Maria, em 01.01.1987.

[3] Lc 1,32-33.

[4] Cf. Gn 22,6-14.

Oração

Mãe de Jesus e minha Mãe! És para mim um exemplo de fé, modelo de coerência e sabedoria. Tu me ensinas que amar é jogar-se confiante nos braços do Pai, em toda e qualquer situação; acreditar é ter certeza de que ele providenciará tudo o que for necessário para que sua vontade se cumpra; e esperar é caminhar convicto de que ele cumprirá suas promessas. Intercede por mim, para que eu saiba guardar no coração todas as iniciativas de Deus em minha vida. Que eu faça memória desses sinais. E, sempre que for preciso, ajuda meus irmãos e irmãs a descobrir o quanto são amados e acompanhados de perto pelo Pai. Amém.

Compromisso para o dia de hoje

Medite sobre a experiência mais forte de dor que teve nos últimos tempos, procurando ver os sinais de Deus naquela circunstância.

[Em Caná] Faltando o vinho, a mãe de Jesus lhe disse: "Eles não têm vinho!" Jesus lhe respondeu: "Que é isso para ti e para mim, mulher? A minha hora ainda não chegou". Sua mãe disse aos que estavam servindo: "Fazei tudo o que ele vos disser!" (Jo 2,3-5).

O evangelista são João não faz nenhum referimento ao nascimento de Jesus, à sua infância ou à vida escondida em Nazaré. O início de seu evangelho dá um salto da eternidade ("No princípio era a Palavra... e a Palavra era Deus")[1] à terra ("E a Palavra se fez carne e veio morar entre nós").[2]

Também não menos repentinamente ele introduz a Mãe junto a seu Filho, demonstrando ser evidente que a Palavra seja o Filho de Deus, quanto à natureza divina, e Filho de Maria, quanto à natureza humana: "No terceiro dia, houve um casamento em Caná da Galiléia, e a Mãe de Jesus estava lá; também Jesus..."[3]

Percebe-se a razão do destaque dado à presença de Maria quando vem a faltar o vinho. Ela descobre isso e intervém, quer para que não diminua a alegria de todos, quer para socorrer os esposos em dificuldade. Maria sabia que Jesus não tinha vinho à

---

[1] Jo 1,1.
[2] Jo 1,14.
[3] Jo 2,1-2.

disposição; também não procurou outra solução para o problema, por exemplo: uma advertência aos donos da festa e a compra de vinho junto a vendedores. Esperava um milagre de seu Filho. Mas até aquele momento Jesus não tinha feito milagre algum, nem em Nazaré, nem em outra cidade... O que quer que estivesse em seu coração naquele momento, ao dizer a Jesus: "Eles não têm vinho!",[4] ela manifestou as dimensões de sua fé. Confiou no poder de Jesus, mesmo que até então esse poder não tivesse se manifestado.

Muitas explicações já foram dadas à resposta de Jesus: "Que é isso para ti e para mim, mulher? A minha hora ainda não chegou". Para uns, seria uma aparente recusa. Para outros, a não aceitação de qualquer intervenção de sua Mãe em sua missão. Há os que destacam a distância que deve ficar clara entre os dois. E há os que interpretam a pergunta como uma prova à fé de Maria.

A ordem de Jesus aos que estavam servindo ("Enchei as talhas de água"),[5] o milagre que fez ("o vinho bom") [6] e a antecipação de sua hora dão a verdadeira resposta: Jesus esperava de Maria, que, com seu corpo, com sua maternidade, já havia colaborado para a realização do plano de salvação, colaborasse também, com sua fé e esperança, para a obra que ele estava começando.

A fé em seu Filho foi premiada. Por isso, percorre os séculos sua ordem: "Fazei tudo o que ele vos disser!" Assumindo sua maternidade universal em relação aos homens e mulheres de todos os tempos, ela nos convida a uma fé sem hesitação, especialmente quando não compreendermos o sentido e a utilidade daquilo que Cristo nos pedir.

---

[4] Jo 2,3.

[5] Jo 2,7.

[6] Jo 2,10.

Oração

Mãe de Jesus e minha Mãe! Em Caná demonstraste tua preocupação pelas necessidades dos outros. Animado pelo teu exemplo, quero ser a voz dos que enfrentam alguma dificuldade e coloco-os sob o teu amparo. Consagro-te minha diocese: que nela sempre se conserve como precioso tesouro a fé em Jesus Cristo, o carinho para contigo e a fidelidade à Igreja. Consagro-te as famílias: que nelas nunca falte "o bom vinho" do amor e do perdão. Consagro-te os jovens: que descubram Cristo como amigo. Consagro-te as crianças, que merecem um mundo mais humano. Consagro-te, enfim, os doentes, tão amados por Jesus. Amém.

Compromisso para o dia de hoje

"Ser Maria", ficando atento às necessidades dos que o cercam e apresentando-as para quem pode solucioná-las.

Nisso chegaram a mãe e os irmãos de Jesus. Ficaram do lado de fora e mandaram chamá-lo. Ao seu redor estava sentada muita gente. Disseram-lhe: "Tua mãe e teus irmãos e irmãs estão lá fora e te procuram". Ele respondeu: "Quem é minha mãe? Quem são meus irmãos?" E passando o olhar sobre os que estavam sentados ao seu redor, disse: "Eis minha mãe e meus irmãos! Quem faz a vontade de Deus, esse é meu irmão, minha irmã e minha mãe" (Mc 3,31-35).

Jesus ia ao encontro do povo. E o povo, atraído por seus milagres e palavras, ia ao seu encontro. Mas como era curiosa a multidão: mudava seu parecer com vertiginosa rapidez. Em poucos momentos passava do entusiasmo ("muitos o seguiam... porque ouviram dizer quanta coisa ele fazia")[1] ao desprezo ("Expulsa os demônios pelo poder do chefe dos demônios";[2] "Tem um espírito impuro").[3] "Nisso chegaram a Mãe e os irmãos de Jesus." O coração de Maria está perplexo. Como aceitar o que seus próprios parentes comentavam a respeito de seu Filho? "Está ficando louco!",[4] diziam. Não bastasse isso, algumas atitudes que ele tomava ou palavras que dizia a deixavam surpresa.

"Quem é minha mãe? Quem são meus irmãos?" As perguntas de Jesus eram dirigidas a todos, também a ela. Como nós, que

---

[1] Mc 3,7-8.

[2] Mc 3,22.

[3] Mc 3,30.

[4] Mc 3,21.

cada dia passamos por inúmeras provas, também a Mãe de Jesus precisou crer sem ver; crer contra a evidência dos fatos; crer no amor de um filho que era constantemente envolvido pelos outros: "ao seu redor estava muita gente". Essas provas a fizeram crescer como discípula de seu Filho — primeira discípula, por sinal! — a ponto de poder ser apresentada hoje como excelente modelo de fé.[5]

Aqui está o mérito de Maria. Mesmo sendo "cheia de graça", em vista da missão que teria, continuou sendo, ao menos aparentemente, uma "mulher comum". Como discípula devia escutar seu Filho para aprender a maneira de agir de Deus. Nas circunstâncias do episódio narrado pelo evangelista Marcos, Jesus estava lhe ensinando que o essencial era fazer a vontade de Deus, isto é, renovar cada dia, cada hora o "Eis aqui a serva do Senhor!".

Fica claro, pois, que a grandeza de Maria não está simplesmente no fato de ter sido escolhida para Mãe de Jesus, embora essa escolha tenha sido única na história da salvação e determinante para receber as graças que a adornavam. Ela é bem-aventurada porque, acreditando no poder de Deus, com ele colaborou, avançando em peregrinação de fé.[6] Procurou fazer sua vontade, mesmo que para isso fosse necessário dar à luz numa gruta ou fugir para o Egito; perder o Filho inesperadamente e procurá-lo, ansiosa, por três longos dias, ou vê-lo partir para começar sua missão. Mais tarde, essa vontade de Deus a colocaria aos pés da cruz, para se unir a Jesus na oferta que ele fazia de si mesmo ao Pai.

Para quem, hoje, quiser ser "mãe" ou "irmão" de Jesus, o caminho é o mesmo. No Reino de Deus, pouco importam os títulos e os cargos, as medalhas e os elogios. O que vale é a disposição de fazer a vontade de Deus. Não será por isso que tão poucos aceitam entrar nesse Reino?...

---

[5] Cf. Concílio Ecumênico Vaticano II, *Lumen Gentium*, 53.

[6] Cf. Idem, ibidem, 58.

Oração

Mãe de Jesus e minha Mãe! Tu, que conheces os sofrimentos e as esperanças dos irmãos de teu Filho; tu que sentes maternalmente as lutas entre o bem e o mal, entre a luz e as trevas, acolhe a prece que elevo ao teu coração. Abraça este nosso mundo, que te confio e consagro. De modo especial te entrego e consagro aquelas pessoas, famílias e comunidades que têm maior necessidade desta entrega e consagração. Que todos descubram que, no Reino de Deus, é mãe ou irmão de teu Filho aquele que faz a vontade do Pai. Sob tua proteção também me coloco, Mãe de Jesus. Não desprezes minhas súplicas, mas me acolhe sempre. Amém.

Compromisso para o dia de hoje

Em vista de seu plano de amor e de sua missão neste plano, Deus lhe deu qualidades, capacidades, graças. Faça uma lista delas.

Junto à cruz de Jesus estavam de pé sua mãe e a irmã de sua mãe, Maria de Cléofas, e Maria Madalena. Jesus, ao ver sua mãe e, ao lado dela, o discípulo que ele amava, disse à mãe: "Mulher, eis o teu filho!". Depois disse ao discípulo: "Eis a tua mãe!". A partir daquela hora, o discípulo a acolheu junto de si" (Jo 19,25-27).

"Jesus, ao ver sua mãe..." Esse foi o último olhar de Jesus para sua Mãe, último de uma série que começou em Belém e continuou especialmente na longa convivência em Nazaré. Jesus, enquanto crescia em estatura, sabedoria e graça,[1] olhava para ela dia por dia. Viu-a rezando e trabalhando, participando das refeições e descansando. Os evangelistas nos atestam que o olhar de Jesus expressava sua intimidade, seus apelos e seu amor. Por isso, ninguém conseguia ficar indiferente quando ele passava: "Jesus, olhando bem para ele, disse-lhe com amor..."[2] Diante desse olhar, o jovem rico descobriu que, ao contrário do que pensava, não amava a Deus sobre todas as coisas.

O apóstolo Pedro, durante o julgamento de Cristo, negou-o três vezes. Nisso, "o Senhor se voltou e olhou"[3] para ele. O amor e o perdão que Pedro viu em seu olhar, levaram-no ao arrependimento.

---

[1] Cf. Lc 2,52.

[2] Mc 10,21.

[3] Lc 22,61.

Quem, porém, como Maria, poderia dar testemunho da força do olhar de Jesus? A união entre Mãe e Filho na obra da salvação manteve-se fiel até a cruz. Com ânimo materno, Maria se associou ao sacrifício de Cristo, consentindo com amor na imolação da vítima por ela mesma gerada. "Finalmente, pelo próprio Cristo Jesus moribundo na cruz foi dada como mãe ao discípulo com estas palavras: 'Mulher, eis o teu filho!'[4] O último olhar que seu Filho lhe dirigiu no Calvário levou-a, pois, a voltar-se para o apóstolo João, e, em João, nós estávamos lá.

Estava Jesus apenas preocupado com a situação de sua Mãe e a colocava sob os cuidados de João, para que a amparasse? O momento era solene demais para a simples solução de um problema familiar. Chegara a sua "hora", tão esperada. Sua missão, sua entrega ao Pai atingiam o ponto máximo. Por isso, os padres da Igreja e o comum sentir dos fiéis viram nesta dupla entrega de Jesus — "Eis o teu filho... Eis a tua mãe"— um dos fatos mais significativos para compreender o papel de Maria na obra da salvação. Mais do que confiar Maria a João, Jesus estava confiando o discípulo a Maria, apontando-lhe uma nova dimensão de sua maternidade.

No Calvário, Jesus não proclamou, formalmente, a maternidade universal de Maria. Contudo, em suas palavras, vemos o desejo de nos demonstrar seu amor, ao nos dar uma Mãe, a sua, que assim se tornou nossa Mãe. É uma graça reconhecer em Maria, a Mãe de Jesus, a própria Mãe, confiando-se, pois, a seu amor materno.

---

[4] Concílio Ecumênico Vaticano II, *Lumen Gentium*, 58.

Oração

Mãe de Jesus e minha Mãe! O Filho de Deus, e ao mesmo tempo teu Filho, no alto da cruz te indicou um homem e disse: "Mulher, eis o teu filho!" Naquele homem ele te confiou cada um dos homens e das mulheres de todos os tempos. Por isso, abraças a todos e de todos te aproximas, para atraí-los maternalmente a ti e poderes apresentá-los a Jesus. Estás sempre onde estão os homens e as mulheres, onde quer que esteja a Igreja. Olha para nós com compaixão e, se cairmos, ajuda-nos a levantar-nos e a voltar-nos para Cristo. Que seu Sangue, derramado no alto da cruz, seja fonte de vida e de salvação para todos. Amém.

Compromisso para o dia de hoje

"O discípulo a acolheu junto de si." Examine-se à luz da pergunta: Em sua vida, em sua casa e em seu mundo, qual está sendo a acolhida dada a Maria?

Todos eles perseveravam na oração em comum, junto com algumas mulheres — entre elas, Maria, mãe de Jesus — e com os irmãos dele (At 1,14).

A comunidade dos discípulos de Jesus começou a ser formada no banquete de Caná, quando ele "manifestou sua glória e os seus discípulos creram nele".[1] Após a morte, ressurreição e ascensão de seu Mestre e Senhor, os discípulos ficaram reunidos no cenáculo, em Jerusalém. "Perseveravam na oração em comum." No meio de todos estava "Maria, Mãe de Jesus". Foi esse grupo que fez a experiência de Pentecostes:[2] "todos ficaram cheios do Espírito Santo" — todos, também Maria, que conhecia o efeito de sua ação desde a anunciação, quando o Espírito Santo a envolveu com sua sombra.

Depois disso, cada vez mais a comunidade cristã foi descobrindo que é chamada a ser o que Maria já é. Mesmo que a veja como uma estrela: "Estrela da Manhã", como é chamada em sua ladainha, pois anuncia o Sol que é Cristo. Os discípulos de Jesus nunca a sentiram distante mas, ao contrário, perto, muito

---

[1] Jo 2,11.

[2] Cf. At 2,1-31.

perto de si, pelo fato de ela ter ficado sempre perto de Jesus e de ter vivido em função dele.

A fé com que, em todos os tempos, o povo cristão se voltou para Maria baseia-se na convicção de haver recebido, por meio dela, um presente de valor inestimável: Jesus. "No meio dos problemas, das desilusões e das esperanças, das deserções e dos retornos desta nossa época, a Igreja continua fiel ao mistério do seu nascimento. Se é um fato histórico que a Igreja saiu do cenáculo no dia de Pentecostes, também se pode dizer que, em certo sentido, ela nunca o abandonou. Espiritualmente, o acontecimento de Pentecostes não pertence só ao passado: a Igreja está sempre no cenáculo. A Igreja persevera na oração, como os apóstolos, juntamente com Maria, Mãe de Cristo, e com aqueles que, em Jerusalém, constituíam o primeiro núcleo da comunidade cristã e aguardavam, orando, a vinda do Espírito Santo. A Igreja persevera na oração com Maria. Esta união da Igreja orante com a Mãe de Cristo faz parte do mistério da mesma Igreja, desde seus inícios."[3]

Por Maria, de quem o Verbo tomou a carne, podemos experimentar a ternura do amor divino. Afinal, foi o Pai que formou o coração da Mãe de seu Filho. Ela, por sua vez, ajudou a formar o coração de Jesus. "A Igreja, em união com a Virgem Maria, se volta continuamente como Esposa para o seu divino Esposo, conforme atestam as palavras do Apocalipse (...): 'O Espírito Santo e a Esposa dizem ao Senhor Jesus: Vem!'[4] "E aquele que dá testemunho destas coisas diz: 'Sim, eu venho em breve'. Amém! Vem, Senhor Jesus! A graça do Senhor Jesus esteja com todos. Amém."[5]

---

[3] João Paulo II, Carta Encíclica *Dominum et Vivificantem*, 66.

[4] Idem, ibidem, 66.

[5] Ap 22, 20-21.

Oração

Mãe de Jesus e minha Mãe! Bendito seja Deus e Pai de Nosso Senhor Jesus Cristo, que te agraciou, ó Virgem de Nazaré, com todas as bênçãos espirituais em Cristo. Nele foste concebida imaculada! Escolhida para seres sua Mãe, nele e por ele foste remida. Hoje, a comunidade formada pelo teu divino Filho continua reunida no cenáculo e alegra-se com a tua presença. Reza conosco, Mãe de Jesus, para que compreendamos as dimensões do Evangelho de teu Filho e nos enriqueçamos com as riquezas que ele nos conquistou com seu precioso sangue. É o que te pedimos, ó clemente, ó piedosa, ó doce Virgem Maria. Amém.

Compromisso para o dia de hoje

Em louvor ao Senhor pelos dons recebidos ao longo do mês que termina, reze o *Magnificat* (pág. 109).

Apareceu no céu um grande sinal! (Ap 12,1)

O povo te chama de Nossa Senhora, / por causa de Nosso Senhor. / O povo te chama de mãe e rainha, / porque Jesus Cristo é o rei do céu. / E por não te ver como desejaria, / te vê com os olhos da fé. Por isso ele coroa a tua imagem, Maria, por seres a mãe de Jesus, por seres a mãe de Jesus de Nazaré.

É comum, é comuníssimo participarmos, no mês de maio, de celebrações em que crianças (os "anjinhos") cantam essa canção ("Senhora e Rainha"),[1] enquanto coroam uma imagem de Maria. E, para situar bem seu gesto de fé, explicam:

Como é bonita uma religião / que se lembra da Mãe de Jesus. / Mais bonito é saber quem tu és! / Não és deusa, não és mais que Deus, / mas, depois de Jesus, o Senhor, / neste mundo ninguém foi maior...

Qual o lugar de Maria na história da salvação? Como pedir a intercessão de Maria, se Jesus é nosso único intercessor? Afinal, não há o perigo de Maria nos desviar de Jesus? A canção esclarece:

Aquele que lê a palavra divina / por causa de Nossa Senhora, / já sabe o que o livro de Deus nos ensina / que só Jesus Cristo é o intercessor! / Porém, se podemos orar pelos outros, / a Mãe de Jesus pode mais! / Por isso te pedimos em prece, ó Maria, / que leves o povo a Jesus, / porque de levar a Jesus, / entendes mais!

---

[1] OLIVEIRA, Pe. José Fernandes de, sjc (Pe. Zezinho, compositor). In: ———. *Quando a gente encontra Deus*. Faixa: Senhora e Rainha. Paulinas-COMEP.

"De levar a Jesus, entendes mais..." Maria entende e ensina isso aos que imitam o gesto do apóstolo e evangelista João que, no Calvário "a acolheu junto de si".[2] "Na escola da Mãe de Jesus os discípulos aprendem, como João, a conhecer profundamente o Senhor e a realizar uma íntima e perseverante relação de amor com ele. Descobrem, além disso, a alegria de se confiarem ao amor materno de Maria, vivendo como filhos afetuosos e dóceis. A história da piedade cristã ensina que Maria é o caminho que leva a Cristo, e que a devoção filial para com ela nada tira à intimidade com Jesus, antes a aumenta e a conduz a altíssimos níveis de perfeição".[3]

Um mês com Maria quis mostrar que a mulher que apareceu no céu — "uma mulher vestida com o sol, tendo a lua debaixo dos pés e, sobre a cabeça, uma coroa de doze estrelas"[4] — é um sinal, "um grande sinal" que nos foi dado por Deus: "Segundo o eterno desígnio da Providência, a maternidade divina de Maria deve estender-se à Igreja... A maternidade de Maria para com a Igreja é o reflexo e o prolongamento da sua maternidade para com o Filho de Deus".[5]

Um mês com Maria procurou ajudá-lo nessa empreitada. Se você perseverar como aluno na escola de Maria, a partir de seu testemunho poderá surgir um outro livro: "Uma vida com Maria". Não importa que não seja escrito com palavras ou que não seja editado. O importante é que você se unirá cada vez mais ao coro dos que passam a vida cantando: "A minha alma engrandece o

---

[2] Jo 19,27.

[3] João Paulo II, 07.05.97.

[4] Ap 12,1. Este capítulo refere-se primeiramente à Igreja; a tradição cristã e a liturgia viram nesta mulher também a Mãe de Jesus.

[5] João Paulo II, Carta Encíclica *Redemptoris Mater*, 24.

Senhor, e meu espírito se alegra em Deus, meu Salvador... Sua misericórdia se estende de geração em geração sobre aqueles que o temem... Acolheu Israel, seu servo, lembrando-se de sua misericórdia....[6]

---

[6] Lc 1,47.50.54.

Orações marianas

Magnificat [1] – A oração de Maria (Lc 1,46-55)

A minh'alma engrandece ao Senhor,
e se alegrou o meu espírito em Deus, meu Salvador,
pois ele viu a pequenez de sua serva,
eis que agora as gerações hão de chamar-me de bendita.

O Poderoso fez por mim maravilhas
e Santo é o seu nome!
Seu amor, de geração em geração,
chega a todos que o respeitam.

Demonstrou o poder de seu braço,
dispersou os orgulhosos.
Derrubou os poderosos de seus tronos
e os humildes exaltou.

De bens saciou os famintos
e despediu, sem nada, os ricos.
Acolheu Israel, seu servidor,
fiel ao seu amor,
como havia prometido aos nossos pais,
em favor de Abraão e de seus filhos, para sempre.

Glória ao Pai e ao Filho e ao Espírito Santo,
Como era no princípio, agora e sempre. Amém.

(Tradução oficial da CNBB — Cf. Liturgia das Horas)

À vossa proteção [2]

À vossa proteção recorremos, Santa Mãe de Deus;
não desprezeis as nossas súplicas em nossas necessidades,
mas livrai-nos sempre de todos os perigos,
ó Virgem gloriosa e bendita.
Amém.

---

[1] A palavra (verbo) latina *Magnificat* significa: "engrandece". Com essa palavra começa o Hino de Maria em latim. O Glória, ao final do *Magnificat*, é uma conclusão adequada para conferir à oração um sentido de louvor, cristológico e trinitário.

[2] É a mais antiga oração a Nossa Senhora: do início do século III.

Ave-maria [3]

Ave, Maria, cheia de graça, o Senhor é convosco, bendita sois vós entre as mulheres e bendito é o fruto do vosso ventre, Jesus. Santa Maria, Mãe de Deus, rogai por nós, pecadores, agora e na hora de nossa morte. Amém.

Salve-rainha [4]

Salve, Rainha, Mãe de misericórdia, vida, doçura e esperança nossa, salve! A vós bradamos, os degredados filhos de Eva; a vós suspiramos, gemendo e chorando neste vale de lágrimas. Eia, pois, advogada nossa, esses vossos olhos misericordiosos a nós volvei; e, depois deste desterro, mostrai-nos Jesus, bendito fruto do vosso ventre, ó clemente, ó piedosa, ó doce sempre Virgem Maria.

O anjo do Senhor

O anjo do Senhor anunciou a Maria.
E ela concebeu do Espírito Santo.
   Ave, Maria....
Eis aqui a serva do Senhor,
Faça-se em mim segundo a vossa palavra.
   Ave, Maria...
E o Verbo se fez carne,
E habitou entre nós.
   Ave, Maria...
Rogai por nós, santa Mãe de Deus,
Para que sejamos dignos das promessas de Cristo.

Oremos: *Infundi, Senhor, em nossas almas a vossa graça, a fim de que conhecendo, pelo anúncio do anjo, a encarnação de Jesus Cristo, vosso Filho, cheguemos, pelos merecimentos de sua paixão e morte, à glória da ressurreição. Pelo mesmo Cristo Senhor nosso. Amém.*

---

[3]   A primeira parte da *Ave-maria* é do Evangelho. A segunda formou-se aos poucos. A *Ave-maria*, como temos hoje, foi fixada no século XVI pelo papa Pio V.

[4]   A *Salve-rainha* é do século XI, de autoria do monge Germano Contractus.

Ladainha de Nossa Senhora [5]

Senhor, tende piedade de nós.
Jesus Cristo, tende piedade de nós.
Senhor, tende piedade de nós.

Jesus Cristo, escutai-nos.
Jesus Cristo, atendei-nos.

Deus Pai celestial, tende piedade de nós.
Deus Filho, Redentor do mundo, tende piedade de nós.
Deus Espírito Santo, tende piedade de nós.
Santíssima Trindade, que sois um só Deus, tende piedade de nós.

Santa Maria, (rogai por nós)
Santa Mãe de Deus,
Santa Virgem das virgens,
Mãe de Jesus Cristo,
Mãe da Divina Graça,
Mãe puríssima,
Mãe castíssima,
Mãe imaculada,
Mãe intata,
Mãe amável,
Mãe admirável,
Mãe do bom conselho,
Mãe do Criador,
Mãe do Salvador,
Mãe da Igreja,
Virgem prudentíssima,
Virgem venerável,
Virgem louvável,
Virgem poderosa,
Virgem benigna,
Virgem fiel,
Espelho de justiça,

---

[5] A *Ladainha de Nossa Senhora* como temos hoje é do início do século XVI, aprovada pelo papa Clemente VIII. Qualquer modificação — como, por exemplo, a introdução da invocação "Rainha da Família" (31.12.1995) — só pode ser feita pela Santa Sé.

Sede da sabedoria,
Causa de nossa alegria,
Vaso espiritual,
Vaso honorífico,
Vaso insigne de devoção,
Rosa mística,
Torre de Davi,
Torre de marfim,
Casa de ouro,
Arca da aliança,
Porta do céu,
Estrela da manhã,
Saúde dos enfermos,
Refúgio dos pecadores,
Consoladora dos aflitos,
Auxílio dos cristãos,
Rainha dos anjos,
Rainha dos patriarcas,
Rainha dos profetas,
Rainha dos apóstolos,
Rainha dos mártires,
Rainha dos confessores,
Rainha das virgens,
Rainha de todos os santos,
Rainha concebida sem pecado original,
Rainha assunta ao céu,
Rainha do rosário,
Rainha da família,
Rainha da paz.

Cordeiro de Deus, que tirais o pecado do mundo,
perdoai-nos, Senhor.
Cordeiro de Deus, que tirais o pecado do mundo,
escutai-nos, Senhor.
Cordeiro de Deus, que tirais o pecado do mundo,
tende piedade de nós.

Oremos – *Concedei-nos, Senhor, perpétua saúde de corpo e de alma e que, pela intercessão gloriosa da bem-aventurada Virgem Maria, sejamos livres da presente tristeza e alcancemos a eterna alegria. Por nosso Senhor Jesus Cristo, que vive e reina convosco na unidade do Espírito Santo. Amém.*

Lembrai-vos [6]

Lembrai-vos, ó puríssima Virgem Maria, que jamais se ouviu dizer que algum daqueles que tem recorrido à vossa proteção, implorado vosso socorro e invocado vosso auxílio, fosse por vós desamparado. Animado, pois, com igual confiança, a vós, ó Virgem entre todas singular, como à minha mãe recorro; de vós me valho, e gemendo sob o peso dos meus pecados, me prostro a vossos pés. Não desprezeis as minhas súplicas, ó Mãe do Filho de Deus humanado, mas dignai-vos de as ouvir propícia e de me alcançar o que vos rogo. Amém.

O Rosário [7]

Introduz-se, normalmente, o Rosário com o creio-em-deus-pai (síntese das verdades que guiam nossa vida). Pode-se iniciar, também, com a invocação do Salmo 69/70 ("Senhor, livra-me; vem depressa, Senhor, em meu auxílio"). Reza-se um pai-nosso, três ave-marias (em honra da Santíssima Trindade) e o glória-ao-pai. Depois dele pode-se rezar uma jaculatória ou a prece: "Ó meu Jesus, perdoai-nos, livrai-nos do fogo do inferno, levai as almas todas para o céu, e socorrei principalmente as que mais precisarem". Pode-se também "terminar cada um dos mistérios com uma oração, para obter os frutos específicos da meditação desse mistério". [8]

Tem início, então, a meditação dos mistérios: anuncia-se o mistério, conforme o dia; reza-se, então, um pai-nosso, seguido de dez ave-marias, do glória-ao-pai e de uma jaculatória ou da oração ó-meu-Jesus.

"A recitação termina com a oração pelas intenções do papa, para estender o olhar de quem reza ao amplo horizonte das necessidades eclesiais." [9] No final das cinco dezenas, ou das vinte, reza-se a salve-rainha ou a Ladainha de Nossa Senhora.

---

[6] O *Lembrai-vos* é comumente atribuída a são Bernardo (1090-1153), monge cisterciense e doutor da Igreja.

[7] O costume de rezar o rosário começou nos mosteiros. A forma de rezá-lo foi definida pelo papa Pio V, em 1569, com exceção dos *Mistérios luminosos*, inseridos no rosário pelo papa João Paulo II, mediante Carta Apostólica *Rosarium Virginis Mariae*, de 16.10.2002.

[8] Idem, ibidem, 35.

[9] Idem, ibidem, 37.

Mistérios da alegria (gozosos): às segundas-feiras e sábados
1. A Anunciação do anjo Gabriel a Nossa Senhora (Lc 1,26-38).
2. A visita de Nossa Senhora à sua prima Isabel (Lc 1,39-56).
3. O nascimento de Jesus em Belém (Lc 2,1-20).
4. A apresentação de Jesus no Templo (Lc 2,22-38).
5. A perda e o encontro de Jesus no Templo (Lc 2,41-50).

Mistérios da luz (luminosos): às quintas-feiras
1. O batismo de Jesus no Jordão (2Cor 5,21 e Mt 3,17).
2. A auto-revelação de Jesus nas Bodas de Caná (Jo 2,1-12).
3. O anúncio do Reino de Deus com o convite à conversão (Mc 1,15; Mc 2,3-13; Lc 7,47-48).
4. A transfiguração de Jesus (Lc 9,35).
5. A instituição da eucaristia, expressão sacramental do Mistério Pascal (Jo 13,1).

Mistérios da dor (dolorosos): às terças e sextas-feiras
1. A agonia de Jesus no Horto das Oliveiras (Lc 22,39-46).
2. A flagelação de Jesus (Mt 27,26).
3. A coroação de espinhos (Mt 27,27-31).
4. Jesus a caminho do Calvário (Lc 23,26-32).
5. A crucifixão e morte de Jesus (Lc 23,33-46).

Mistérios da glória (gloriosos): às quartas-feiras e domingos
1. A ressurreição de Jesus (Lc 24).
2. A ascensão de Jesus ao céu (Lc 24,51-52).
3. A vinda do Espírito Santo (At 2,1-13).
4. A assunção de Maria ao céu (cf. Ef 1,4).
5. A coroação de Maria (cf. Ap 12,1).

Segundo o papa João Paulo II, "a fim de dar fundamentação bíblica e maior profundidade à meditação, é útil que a enunciação do mistério seja acompanhada pela proclamação de uma passagem bíblica alusiva".[10] Após a enunciação do mistério e a proclamação da Palavra, é conveniente parar e fazer silêncio, para fixar o olhar sobre o mistério meditado.

---

[10] Idem, ibidem, 30.

Oração de consagração a Nossa Senhora [11]

Ó Senhora minha, ó minha Mãe,
eu me ofereço todo a vós
e, em prova de minha devoção para convosco,
vos consagro neste dia
meus olhos, meus ouvidos, minha boca
e, inteiramente, todo o meu ser.
E porque sou vosso, ó incomparável Mãe,
guardai-me, defendei-me,
como filho e propriedade vossa. Amém.

---

[11] Em vez da expressão "consagração a Nossa Senhora", pode-se também dizer: "entrega a Nossa Senhora".

Índice

Um mês com Maria 7
Dia 1 11
Dia 2 14
Dia 3 17
Dia 4 20
Dia 5 23
Dia 6 26
Dia 7 29
Dia 8 32
Dia 9 35
Dia 10 38
Dia 11 41
Dia 12 44
Dia 13 47
Dia 14 50
Dia 15 53
Dia 16 56
Dia 17 59
Dia 18 62
Dia 19 65
Dia 20 68
Dia 21 71
Dia 22 74
Dia 23 77
Dia 24 80
Dia 25 83
Dia 26 86
Dia 27 89
Dia 28 92
Dia 29 95
Dia 30 98
Dia 31 101
Apareceu no céu um sinal 105
Orações marianas 109

Rua Dona Inácia Uchoa, 62
04110-020 – São Paulo – SP (Brasil)
Tel.: (11) 2125-3500
http://www.paulinas.com.br – editora@paulinas.com.br
Telemarketing e SAC: 0800-7010081